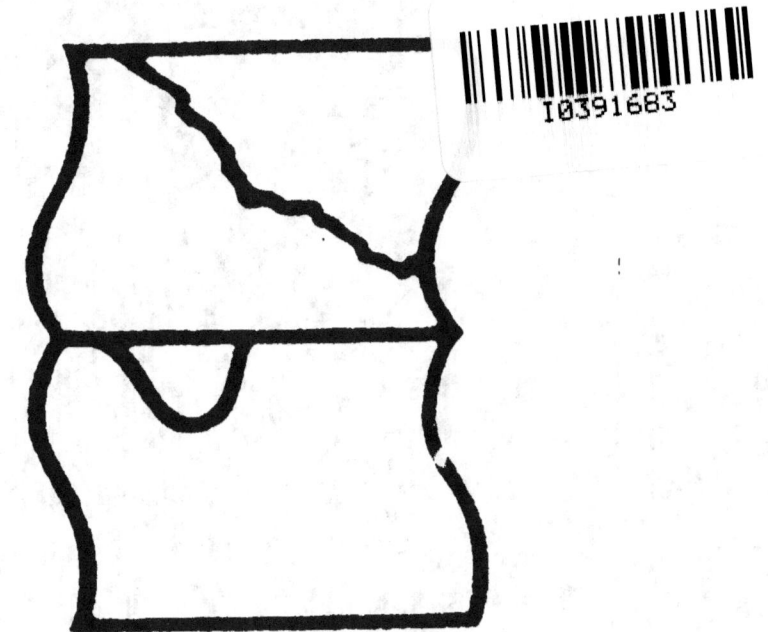

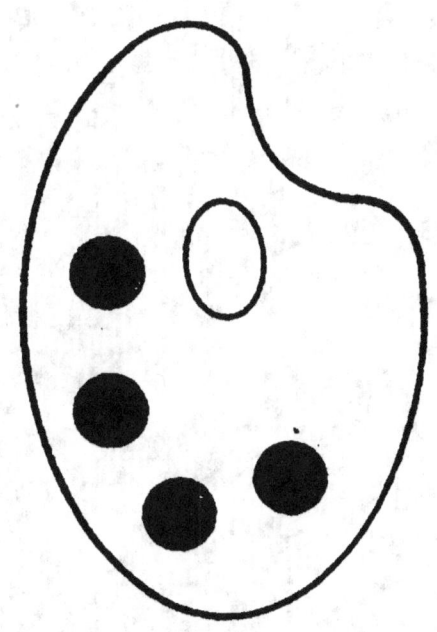

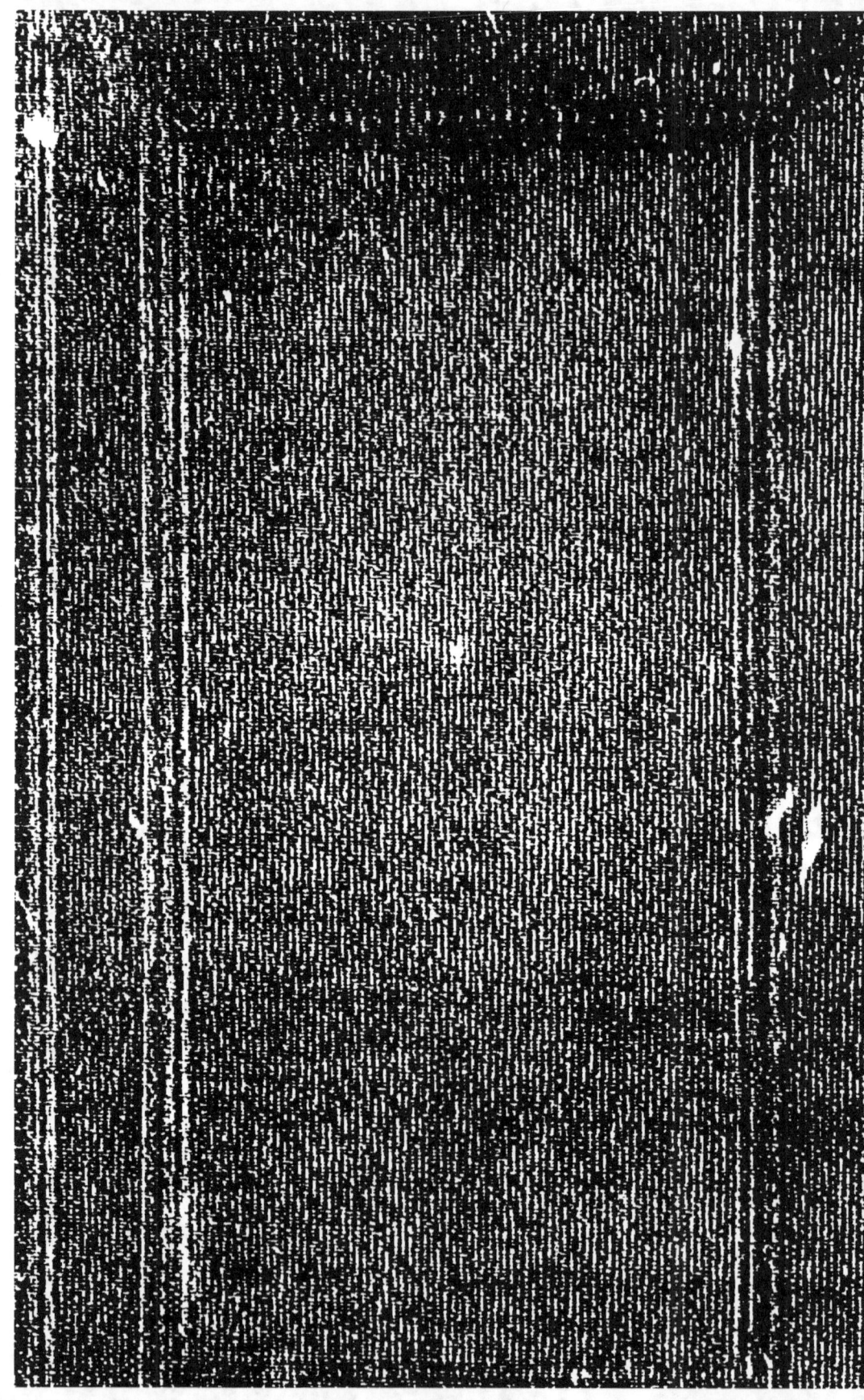

8° Ye 1247 (a substitua à l'ex. au place broché)

LE LIVRE

DES PEINTRES

ET GRAVEURS

5oo papier vergé ordinaire.
5o   --   vergé fort.
2o   -- , chine numérotés.
2 peaux de vélin numérotés.

~~~~~~~

N°_____

Paris. — Imp. Gauthier-Villars, 55, quai des Augustins.

LE LIVRE
DES PEINTRES
ET GRAVEURS

PAR

MICHEL DE MAROLLES, ABBÉ DE VILLELOIN

SECONDE ÉDITION DE LA BIBLIOTHÈQUE ELZÉVIRIENNE

revue et annotée

par

M. GEORGES DUPLESSIS

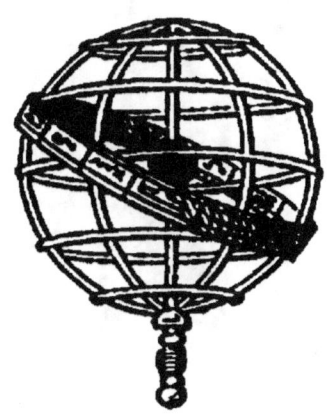

PARIS

PAUL DAFFIS, ÉDITEUR,

Propriétaire de la Bibliothèque Elzévirienne,

9, RUE DES BEAUX-ARTS

—

MDCCCLXXII

PRÉFACE

Si l'on voulait recommander l'abbé de Marolles comme un littérateur, on courrait grand risque de faire rire de soi ; on aurait un sort à peu près égal, si l'on voulait envisager comme l'œuvre d'un poëte *le Livre des peintres et des graveurs*; si, au contraire, on regarde ce docte abbé comme un simple historien de l'art, se servant d'une poésie à sa façon pour exprimer ce qu'il sait, on sera disposé à lui pardonner la forme en faveur des renseignements qu'il fournit sur l'histoire des artistes; si l'on considère son livre comme un simple recueil de notes sommaires, on sera encore porté à l'indulgence et on s'expliquera la valeur que quelques érudits y attachent. Ce travailleur,

doué d'une fécondité singulière, a publié un
grand nombre d'ouvrages, et lorsque la mort
est venue le surprendre, il tenait prêtes encore
beaucoup de notes qu'il avait l'intention de
faire imprimer. Parmi ces travaux demeurés
à l'état de projets, était une histoire générale
de l'art dont nous lisons, à la fin du Catalogue publié par l'abbé de Marolles en 1666,
le plan détaillé. Cet ouvrage considérable était
terminé en 1673, comme l'atteste la note sui-
vante, imprimée cette année même, à la suite
d'une traduction de Virgile par Michel de Marolles : « Une histoire très-ample des peintres,
sculpteurs, graveurs, architectes, ingénieurs,
maistres escrivains, orfévres, menuisiers, bro-
deurs, jardiniers et autres artisans industrieux,
où il est fait mention de plus de dix mille personnes, aussi bien que d'un très-grand nombre
d'ouvrages considérables, avec une description
exacte et naïve des plus belles estampes, ou de
celles qui peuvent servir à donner beaucoup
de connoissances qui seroient ignorées sans
cela, pour faire plusieurs volumes. Cet ouvrage, tout prest à mettre en lumière, pourvu
qu'il y ait la conduite, parce que les escrits et
les mémoires sont encore confondus et ne peuvent estre remis en l'ordre qu'ils doivent tenir
que par luy seul. » Ce travail, qui eût été sans
aucun doute fort précieux pour l'histoire de

l'art français, n'a jamais été publié; le manuscrit même en a été perdu; *le Livre des
peintres et des graveurs*, qui en est une sorte
de résumé, nous a semblé, pour ce motif, digne
d'être tiré de l'oubli. Cette grande histoire de
l'art devait être écrite en prose, et avait, par
cela même, chance d'être plus intelligible;
sans en tenir complétement lieu, ce petit volume résume les faits principaux qui y étaient
consignés et donne certainement une idée
exacte du travail anéanti.

Les livres de Michel de Marolles, qui méritent d'être lus encore aujourd'hui et dans lesquels on trouve des renseignements curieux,
ne sont pas en grand nombre; ce sont ses *Mémoires*, sa description de *Paris, le Roy, les
personnes de la cour*, etc.[1], enfin *le Livre
des peintres et des graveurs*. Quant aux traductions qu'il a mises au jour, nous ne sau-
rions mieux faire que de reproduire le passage
suivant d'une lettre très-spirituelle adressée

---

1. *Paris, ou la description succincte et néantmoins
assez ample de cette grande ville, par un certain nombre
d'épigrammes de quatre vers chacun, sur divers sujets,*
par M. de Marolles, abbé de Villeloin. 1677, in-4°. —
*Le Roy, les personnes de la cour qui sont de première
qualité, et quelques-uns de la noblesse, qui ont aimé les
lettres ou qui s'y sont signalez par quelques ouvrages.*
S. d., in-4°.

à Heinsius par Chapelain, lettre que cite Camuzat dans son *Histoire critique des journaux*[1] : « Cette traduction françoise des Œuvres de Stace est un de ces maux dont notre langue est affligée. Ce personnage (Marolles) a fait vœu de traduire tous les auteurs anciens, et a presque déjà accompli son vœu, n'aïant pardonné ni à Plaute, ni à Lucrèce, ni à Catulle, Tibulle et Properce, ni à Horace, ni à Virgile, ni à Lucain, ni à Perse, ni à Juvénal, ni à Martial, ni à Stace même. Votre Ovide s'en est défendu, avec Sénèque le Tragique, Valerius Flaccus, Silius Italicus et Claudien ; mais je ne les en tiens pas sauvez, et toute la grâce qu'ils peuvent attendre, c'est celle du Cyclope d'Ulysse : c'est d'être dévorez les derniers. » Pendant que Chapelain se moquait ainsi de la malheureuse passion de Marolles pour les traductions d'auteurs anciens, l'abbé de Marolles accusait de son côté une bien rare modestie et faisait des aveux qui tenaient de la naïveté ; il se plaignait de ne pas trouver d'éditeurs pour ses ouvrages et se montrait très-sensible aux critiques adressées à ses livres par ses amis. Voici comment il s'exprime dans

---

1. *Histoire critique des journaux*, par C*** (Camuzat). A Amsterdam, chez J. F. Bernard, MDCCXXXIV, in-12. Tome I, p. 268.

un passage de son *Paris*, au paragraphe des *Professeurs du Roi* :

J'ai perdu des amis par un rare caprice,
Quand je leur ai donné des livres que j'ai faits,
Comme gens offensez, sans pardonner jamais,
Bien qu'on n'ait point blessé leur méchant artifice.

L'abbé de Marolles nous donne, pour ainsi dire, dans *le Livre des peintres et des graveurs*, une description de sa seconde collection d'estampes, dont il imprima le Catalogue en 1672[1]. On sait qu'après avoir vendu au Roi sa première collection en 1667, — collection qui se composait, comme il nous l'apprend lui-même dans son Catalogue de 1666, *de cent vingt-trois mille quatre cents pièces, de plus de six mille maistres, en quatre cents grands volumes, sans parler des petits, qui sont au nombre de plus de six vingts*, — il en forma une seconde, qui, bien que moins nombreuse, se composait alors de dessins et d'estampes. On ignore ce que cette seconde collection est

1. *Catalogue des livres d'estampes et de figures en taille douce, avec un dénombrement des pièces qui y sont contenues, fait à Paris, en l'année 1672,* par M. de Marolles, abbé de Villeloin. Paris, Jacques Langlois fils, rue Galande, proche de la place Maubert, à l'Image S. Jacques le Mineur. MDCLXXII. In-12.

devenue[1], et on le regrette d'autant plus que
le Catalogue de 1662 et le livre que nous pu-
blions permettent de supposer que cette nouvelle collection se composait non-seulement
d'une certaine quantité d'estampes très-rares,
mais comprenait encore une série considérable
de dessins très-précieux.

Au reste, l'abbé de Marolles a pris soin, à la
suite de la traduction de Virgile qu'il publia en
1673, de nous éclairer sur la formation de ses
deux collections d'estampes; nous transcrivons
littéralement : « En l'année 1660 et suivantes,
il (l'abbé de Marolles) travailla à l'arrangement

---

1. Nous répéterons ici ce que nous avons déjà dit
ailleurs (*Gazette des Beaux-Arts*, livr. de juin 1869)
relativement à cette seconde collection de l'abbé de
Marolles : On ne sait pas positivement ce que devint
cette seconde collection, mais M. Robert-Dumesnil
nous a assuré avoir trouvé, au commencement de ce
siècle, chez un brocanteur de la rue Saint-Roch, une
grande quantité de volumes d'estampes reliés unifor-
mément au xviiᵉ siècle. Il acquit ces recueils pour une
somme assez importante, et lorsqu'ils furent trans-
portés chez lui, l'idée lui vint de rechercher quelle
pouvait en être la provenance; il consulta le Catalogue
publié par l'abbé de Marolles en 1672 et trouva un
certain nombre de volumes dont la composition était
absolument conforme à la description donnée par
l'abbé; il en concluait qu'il pouvait bien avoir mis la
main sur une partie de cette collection, dont toute
trace semblait perdue.

et à la composition de plus de trois cents grands volumes, contenant plus de six-vingt mille estampes choisies et de grand prix, suivant le catalogue imprimé chez Frédéric Léonard, en 1666. Toutes lesquelles pièces furent mises dans la Bibliothèque Royale en cette mesme année, pour lesquelles il plut au Roy de donner vingt-huit mille livres, et encore depuis deux mille quatre cents livres, à deux fois, par gratification; parce qu'il est certain que ces livres d'Estampes si bien choisies revenoient à bien davantage, comme il est aisé de le juger à tous ceux qui s'y connoissent, vu la qualité des pièces, dont les principales sont rares et d'une beauté singulière.

« Depuis ce Recueil, on en a fait encore un second presque aussi nombreux, par la grande quantité de Livres en ce genre qu'avoit recueillis le R. Père Henry de Harlay, de l'Oratoire, lesquels, après sa mort, ont esté acheptez une somme considérable, pour les disposer ainsi qu'il a esté dit; avec ce qui restoit du grand amas qu'avoit fait de ces choses-là le sieur de Lorme, commis de M. Monerot, après le Sr. Kerver, duquel on prit tout d'un coup, pour la première fois, jusques à la somme de mille louys d'or, et pour la seconde fois de tout ce qui estoit resté d'une grande beauté, pour six cent louys, dont aussi il a esté fait un second

Catalogue, imprimé l'an 1672, pour faire voir
de quelle importance est ce recueil, afin qu'il
pust servir à l'ornement singulier de quelque
grande Bibliothèque, estant composé de 237 volumes, et dans de grand papier. Cecy addressé
à M. de Brisacier, secrétaire des commande-
ments de la Reine, de qui toute la famille est
si vertueuse, et qui suggère de si bonnes in-
clinations à toutes les personnes qui ont l'honneur de l'approcher, pour le prier de favoriser
le dessein qu'il a pris la liberté de luy commu-
niquer au sujet de ce second Recueil d'Estampes si bien choisies, lequel n'est guères
moindre que celuy qui est entré dans la Bibliothèque Royale par les soins de Mons. Colbert, qui donne à toutes les belles choses, pour
la grandeur et la magnificence des meubles de
la couronne, estant certain qu'il y a mesme
des choses très-curieuses et très-singulières
entre celles-cy, lesquelles ne se trouvent pas
ailleurs; dont personne aussi ne peut mieux
juger que luy-mesme, qui les aime, et qui, s'y
connoissant parfaitement, les a bien voulu voir
à loisir, avec des yeux éclairez et fins en ces
sortes de matières, tels que de Mess. Félibien
et Mignard, de qui les seuls noms marquent
assez la grande suffisance. »

Nous n'avions pas cru devoir mettre de notes
à la première édition que nous avons donnée

dé cet opuscule, en 1855 ; nous avions été effrayé par le nombre considérable de noms absolument inconnus que nous avions rencontrés dans cette énumération rimée, et nous avions craint que nos notes portassent le plus souvent sur des individualités connues, qu'il était superflu de faire connaître plus complétement. Nous avons aujourd'hui agi différemment ; nous avons encore négligé de nous occuper des maîtres sur le compte desquels on trouve dans les biographies des renseignements certains, mais nous nous sommes efforcé de donner sur les artistes dont on cherche en vain les noms dans les ouvrages les plus répandus quelques notes précises destinées à éclairer le lecteur et à faciliter la besogne de l'historien. Quoique nos efforts n'aient pas toujours été couronnés de succès, et quoique nous ayons eu plus d'une fois le regret de ne pouvoir fournir aucune indication sur certains peintres, sculpteurs, architectes ou graveurs cités dans les quatrains, nous avons cependant la confiance que, dans les nombreuses notes qui complètent et expliquent le texte original, on trouvera quelques éclaircissements utiles et quelques renseignements nouveaux. Ces notes ajouteront, nous l'espérons du moins, à la curiosité qu'inspire aux érudits l'ouvrage de l'abbé de Marolles sur lequel nous avons cru opportun d'attirer l'attention.

Outre l'intérêt qu'offre aux historiens de l'art *le Livre des peintres et des graveurs*, il se recommande encore à un certain public par un attrait d'un autre genre, celui de la rareté : nous n'en connaissons que trois exemplaires ; l'un d'eux est conservé à la Bibliothèque de l'Arsenal.

G. D.

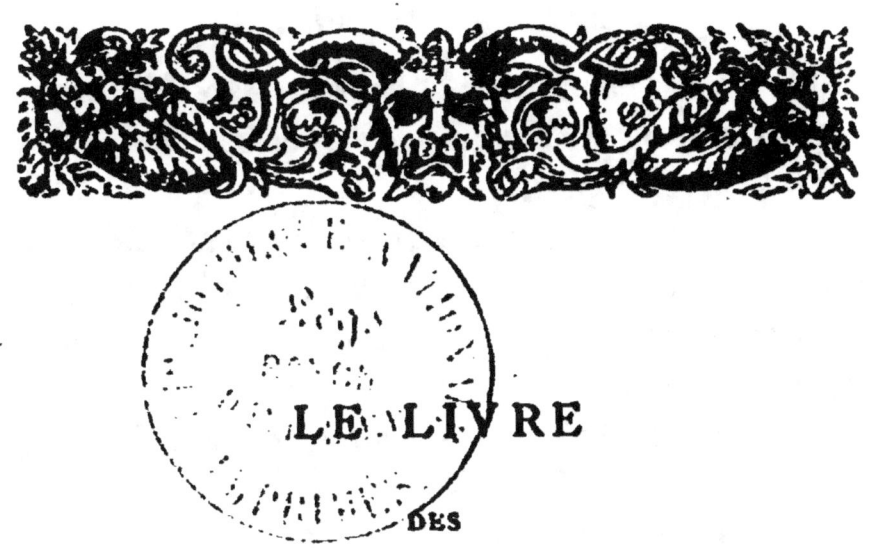

LE LIVRE
DES
PEINTRES & GRAVEVRS

Contenant un dénombrement assez ample de ceux qui ont aimé les estampes, et qui en ont esté quelquefois curieux jusques au point d'en faire des recueils considérables.

La suitte des principaux peintres et graveurs de toutes les manières, qui ont travaillé en France, et particulièrement à Paris, depuis l'année 1600.

On fait voir en suitte que, jusques aux moindres graveurs, il n'y en a presque pas un seul qui se doive absolument rejetter : que tel est bon pour une chose, qui ne l'est pas pour une autre, et qu'entre les meilleurs, chacun d'eux a son propre talent où il peut réussir, ce qui se démontre clairement dans la partie où il est traité de toutes les choses imaginables, lesquelles ont esté exprimées, ou se peuvent exprimer par des figures diverses.

1

On s'étend davantage à parler des excellents maistres
que des autres, que l'on se contente seulement de nommer
selon les divers sujets.

On dit quels ont esté plusieurs maistres, qui ne sont
connus que par certains caractères, ou chiffres, qui les
distinguent entre eux, où ne sont pas oubliez ceux qui
ont fait des crayons.

Les livres d'Écriture, d'Architecture, et de Jardinage,
de Fontaines, d'Orfèvrerie, de Menuiserie et de Broderie
sont marqués séparément.

Les livres d'Armoiries, de Médailles et de Devises, le
sont également, comme ceux des Plantes, des Fleurs et
des Animaux, et ainsi du reste.

Tout cela certainement est assez curieux et assez
recherché, sans que la versification en broüille tant soit
peu l'idée, parcequ'elle s'est faite avec tant de clarté,
qu'il est certain que la prose mesme n'en a pas davantage
pour rendre les choses intelligibles. Mais l'on a cru que
la poésie y apporteroit certain ornement que la prose ne
sçauroit donner.

Les gens qui n'aiment guères que leurs propres ouvrages, ou qui ne peuvent souffrir que ceux qui sont
conduits à leur manière, ne mettront pas sans doute celuy-
cy en grande considération : et ceux qui par une fausse
gravité s'imaginent que les vers ne peuvent convenir
qu'aux jeunes gens, ont peu de connoissance de la belle
poésie, et ne se souviennent plus que les vers sont de tous
les âges, et de toutes sortes de conditions, pourvu qu'ils
soient bons et bien tournez sur des sujets graves et sé-

rieux, dont nous avons des exemples de l'Antiquité. Et quand il n'y en auroit point de tirez des Saintes Ecritures mesmes, où il s'en trouve en divers endroits dans les originaux, il est indifférent de quelle sorte l'on consigne ses pensées au public, pourvu que l'on y conserve tout ce qu'il y faut observer en chaque genre. D'ailleurs le stile des autres livres saints, qui composent la Bible, est assez poëtique, selon le goust des esprits orientaux, et peut-estre, selon le divin génie qui les a dictez.

Cependant quelques-uns, et plusieurs mesmes qui ne sont pas capables de s'exprimer de la sorte, comme le peuvent faire ceux qui en ont acquis le bel usage, en conservant la force de la pensée et la politesse du langage, condamnent la versification et toute sorte de poësie, sans sçavoir en quoy consiste la différence de la bonne d'avec la mauvaise, cette dernière affectant presque par tout une certaine enflure de paroles qu'il faut bien éviter, parcequ'il n'est rien de plus vicieux pour la belle élocution. Si néantmoins aujourd'huy tout le monde veut estre de cet avis, ce n'est pas un trop bon signe pour écrire en vers, ny en quelque stile que ce soit, toutes les choses que tant de beaux esprits se disposent chaque jour de donner au public.

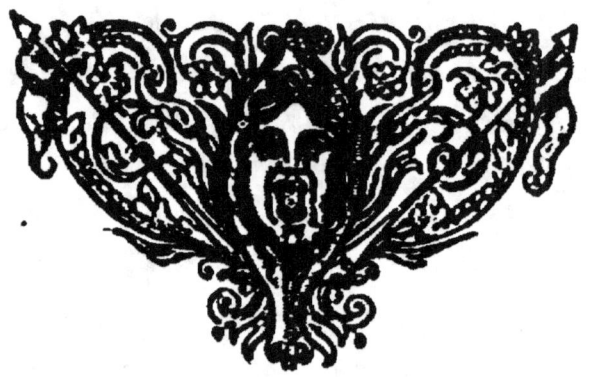

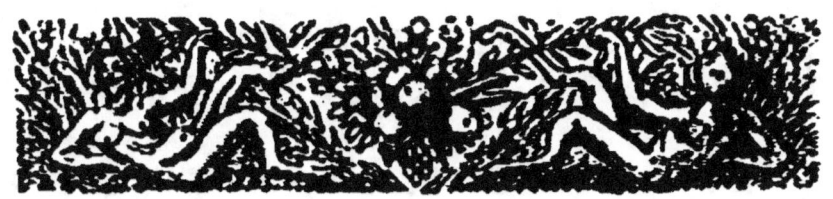

LES CVRIEVX D'ESTAMPES

*Quelques-uns desquels en ont fait des bibliothèques
entières.*

I

JE diray maintenant les curieux d'estampes,
Le nombre en surprendroit ; mais il n'est
[pas puissant ;
Car, pour les grands seigneurs, rien n'est
[de ravissant,
S'il n'a plus de brillants que les divines lampes.

II

Ils s'y connoissent peu ; mais estant magnifiques,
Ils donnent quelquefois, quand ils n'y pensent pas,
Où la magnificence a mesme peu d'appas,
Lorsqu'on leur dit le prix de ces choses antiques.

III

C'est ainsi, par hazard, que dans leurs galeries,
Des livres de portraits s'y rencontrent meslez :
Mais un ou deux peut-estre en ces lieux exilez
Passeront seulement pour des galanteries.

IV

Deux ou trois tout au plus sont dans la Mazarine :
Elle en contenoit plus ; mais on les a pillez :
Car son seigneur habile eut les yeux dessillez,
Et pour ces choses-là sa science fut fine.

V

Pour Louis Odespunck, appelé Mechinière [1],
Il en fit un recueil des premiers qu'on ait vus ;
Mais estant sans nul choix, vers des gens prévenus,
Il trahit son dessein, confondant la manière.

VI

Il en fit cependant grand nombre de volumes,
Tous d'un goust si méchant que les moins connois-
En furent rebutez par leurs fausses douceurs ; [seurs
Ils estoient fagotez comme sur des enclumes.

VII

Que n'en a-t-il point dit, relevant son histoire
Par de belles couleurs, pour la faire estimer ?
Sans la voir, en effet, il la faisoit aimer ;
Mais, y jettant les yeux, elle perdoit sa gloire.

VIII

Il ne m'est pas connu que quelqu'un la possède,
Pour son autheur, sans doute il avoit de l'esprit ;
J'ignore toutes fois que, pour ce qu'il écrit,
Sans l'avoir dissipée, un autre luy succède.

IX

Jacques Kervel[a], plus riche, en fit une meilleure ;
Il separa le bon d'avecque le fatras ;
Il fut propre avec choix, sans fatiguer les bras ;
Mais succombant luy-mesme il vit sa dernière heure.

X

De l'Orme[a] le suivit, non pas sans opulence,
Assisté du secours de ses amis puissants,
Commis de Monnerot. avec des soins pressants,
Pour en faire un recueil, le plus riche de France.

XI

Là, pour se contenter d'une chose si belle,
Il fit ce qu'eust pu faire un seigneur curieux ;
Plus de vingt mille écus d'un effort somptueux
Furent le prix, au moins, de sa peine fidelle.

XII

Il mourut travaillant à la digne entreprise.
Ses soins, après sa mort, ont esté negligez ;
Depuis, tous ses deposts ont esté partagez ;
Mais, sans passer l'Estampe, il causa ma surprise.

XIII

On ne vit jamais rien de si parfait au monde,
Je le dirois cent fois s'il en faloit parler ;
Car pourrois-je en cela mon cœur dissimuler,
Ne voyant rien de tel ailleurs qui le seconde?

XIV

Ce qu'avoit possédé l'abbé de S. Ambroise
En ce genre, Maugis*, nostre sincère ami,
Par Kerver curieux ne vint point à demi,
Chez de Lorme, si cher à d'Emeri d'Amboise.

XV

Qui s'en fust défié? que n'eust pas esté ferme
Dans l'amour de l'Estampe un aussi bel esprit
Que l'est Bretonvilliers*, dans ce qui le surprit ?
La dépence auroit-elle ebranlé ce grand terme ?

XVI

Le conseiller Petau* par deux fois renouvelle
Sa curiosité pour le fait des Portraits ;
Il en marquoit le nombre et les divers attraits
Dans sa bibliotèque, en tout son choix si belle.

XVII

Tronçon* en eut aussi dans nostre S. Sulpice ;
Mais il aima sur tout la vieille invention
Des maistres qui faisoient de la dévotion,
Dont il vouloit combatre et le luxe et le vice.

XVIII

Dans sa bibliotèque, avec sa politesse,
Montmor* en garde aussi quelques unes de prix,
Où beaucoup de desseins qui se trouvent compris
Sont dignes de son cœur plein de délicatesse.

XIX

Ne faut-il pas louer Bournonville et son frère*,
Ils ont fait des recueils dignes de leur pouvoir,
Dont S. Victor profite avec tout son sçavoir,
Agreable aux yeux fins, que le bon sens éclaire.

XX

Robert, docteur qu'il est, au fort de son étude,
Aima l'imagerie, et Pont-Chasteaux encor,
Avec son serieux, chérit un tel trésor :
Porcher perdit le sien, gonflant sa plénitude.

XXI

Sans qu'on y perd du temps, la Chambre l'aime en-
Car il est serieux autant qu'il est puissant ;   [core :
Il ne veut rien d'ailleurs qui ne soit ravissant,
Pour tout faire à propos dans l'employ qu'il honore.

XXII

Le feu baron d'Ormeille, avec une belle ame,
Ne voulut jamais rien menager pour cela ;
Il en sçavoit le prix quand quelqu'un en parla,
Et ne retrancha rien de cette vive flame.

* M. de Villefrit. (*Note de Marolles.*)

XXIII

La Noue*, intelligent, un venerable prestre,
Avec un bon esprit connu sur ce sujet,
Fit, des plus beaux desseins, un ample et grand projet;
Mais Jabac[10] le surpasse, où nul n'ira peut-estre.

XXIV

Tevenot, Perruchot, Tortebat et Gagnères[11],
Qui, dans l'hotel de Guise, applique son sçavoir
A chercher l'honorable, acquittant son devoir,
Montrent que la vertu pour eux ne manque guères.

XXV

De Henri de Harlai, seigneur de Palemore,
Qui fut dans l'Oratoire, avec son cabinet,
L'abondance est connuë; il en eut du sujet;
Et, pour son bel esprit, personne ne l'ignore.

XXVI

Là, le bon, le méchant, le mediocre ensemble,
Confondus cependant, estoient en nombre tel
Qu'on en pouvoit emplir un cabinet d'hotel;
Pour la part que j'y pris, quand j'y pense, je tremble.

XXVII

Tant que ce seigneur fut dans sa sainte retraite,
Il se divertissoit à ces jeux innocents;
Il en fit heritiers des pères ses enfants,
Qui d'un tas si nombreux ont cherché la defaite.

XXVIII

Ils se passent à moins, et leur sage conduite
Ne se conserve rien que ce qui peut servir ;
Les crayons et bijoux ne les peuvent ravir,
Mais les livres choisis, qui trouvent de la suite.

XXIX

En ce genre Goilard fut curieux terrible :
Il étendit ses soins de l'un à l'autre bout ;
Et, s'il eust eu la force, il s'emplissoit de tout ;
Pour son avidité rien n'estoit impossible.

XXX

Ses Estampes de mesme y furent si nombreuses,
Que, dans leur grand debit, tout Paris s'en emplit ;
Son cherubin Albert [¹¹], étalé sur un lit,
Me surprit, redoublé dans ses masses trompeuses.

XXXI

Stella, Quesnel, Chauveau, qui, pleins de connois-
Pouvoient choisir si bien, avecque Roussellet, [sance,
Robert, Le Brun, le Fèvre, et Mignard, et Paillet,
Et bien d'autres vivants, en ont en abondance.

XXXII

Acard [¹³] en fit amas sans aucune dépence,
Estant fort menager, et ne sçeut que c'estoit
D'employer un denier pour ce qui luy plaisoit ;
Mais il le meritoit par force ou complaisance.

XXXIII

En mourant il en fit ses dons aux abbayes
De sainte Geneviève et du martyr Victor,
Et S. Germain des Prez, comme d'un grand trésor;
Mais de ses legs pieux on les vit ébahies.

XXXIV

Conrad avoit aussi beaucoup de ces figures :
Il aimoit ce qu'on doit aimer avec esprit;
Rien aussi pour cela jamais ne le surprit,
Et dans de tels desseins il garda ses mesures.

XXXV

De n'en avoir qu'un livre ou deux, c'est peu de chose,
Cela passe pour rien, et, si trois grands seigneurs
Y prenoient du plaisir avec des goûts meilleurs,
On n'y pourroit fournir comme on se le propose.

XXXVI

Rousseau, qu'on peut nommer échevin consulaire,
Ayant esté consul, a fait un beau recueil
Pour l'histoire du monde, en évitant l'écueil
De Louys Odespunck, son premier exemplaire.

XXXVII

Les marchands qu'on a vus pour en faire commerce :
Ciartes, Jean le Clerc, Messager, Jean Boisseau,
Huart, Jolain, Ragot, Moncornet, Guerineau,
Boudan, Bertrand, Vanmerln en matière diverse;

XXXVIII

Langlois le fils, de Fer, Honneruog, Mariette,
Quesnel intelligent, comme l'estoit aussi
Le défiant Le Blond, la Hove et Marcoussi,
Herman Vveyen, Valet, Boissevin, Brebiette ".

LES PEINTRES ET GRAVEVRS

*de figures en taille-douce, au burin. à l'eau forte et en
taille de bois, lesquels ont fleuri en France depuis
1600.*

I

Mais quels sont les autheurs de tant de beaux
ouvrages?
Disons-le maintenant, l'ordre le veut ainsi.
Je ne puis toutefois m'en expliquer ici
Que comme la memoire en offre les images.

II

Je me veux contenter de dire de la France
Les peintres et graveurs de nostre temps connus :
Pour tous ceux de dehors, les gens sont prevenus.
Que ceci donc suffise à nostre diligence.

III

Voici ceux que l'on tient les plus considerables :
François Clouet de Tours, dit le peintre Janet ;
Bunel de Tours encore, et Martin Freminet,
Qui, sans Rome, peignit des choses si durables.

IV

C'est ce Bunel qui fit cette ample galerie
Au Louvre qu'on voyoit, et qu'on pouvoit priser
Pour ses desseins sçavants, sans le favoriser ;
Mais un feu de theatre y marqua sa furie.

V

D'entre ses grands tableaux, cette belle Decente
Du S. Esprit, de luy, se voit aux Augustins.
De Freminet on sçait les excellents destins,
Où dans Fontainebleau sa gloire est évidente.

VI

Là le grand Nicolo, disciple de Boulongne ",
Ce Primaticio, l'abbé de S. Martin,
Léonard de Vinci, maistre Roux florentin,
Ne l'obscurcissent point, ternissant sa besongne.

VII   [gogne ;

François Perrier, grand peintre et graveur de Bour-
Toussaint du Breuil, du Bois, Blanchard, Simon
Son gendre Dorigni, Simon François, Huret; [Vouet,
Vignon, toujours si prompt, qui la paresse éloigne.

VIII

Ce Perrier excella dans son travail d'eau-forte ;
Ses bas-reliefs on loue, et son livre est si beau
Qu'il éclaire partout comme un brillant flambeau,
Découvrant son esprit où sa vertu le porte.

IX

Quels tableaux diroit-on de Blanchard et Lahire,
De Sève, de François, de du Loir? Mais; dès là,
On cesse de parler sans connoistre cela,
Et l'on sçait peu de bien dont l'on n'oze médire.

X

Simon Vouet a peint les grands baings de la reine,
Il a peint S. Eustache et le palais Seguier,
·Où des roys prosternez adorent pour prier,
Dans une balustrade où l'orgueil se promeine.

XI

Grégoire Huret, graveur, acquit dans sa manière
Une estime qu'on doit à sa capacité :
Beaucoup d'invention dans sa témérité,
Où certain air brillant surmonte la matière.

XII

Claude Vignon, connu, mérite que l'on l'aime,
L'Espagne en fit estat : elle en eut du sujet.
Qu'on juge de ses traits par Gilles Rousselet [13a],
Dans sa belle gravure estant noble de mesme.

XIII

Jacques Stella, Boivin, Egman, Laurent La Hire,
De Losne d'Orléans ", l'un et l'autre Rabel,
Eustache Le Sueur, Sarrasin et Lourdel,
Daniel du Moutier, que tout son siècle admire.

XIV

Jacques Stella comprit une belle manière
De faire, comme il fit, des figures en bois
D'un dessein tout nouveau, les colorant deux fois.
Ses Vierges ont un goust digne de la lumière.

XV

Que ses vases sont beaux, ses jeux d'enfant encore,
Et tous les ornemens que nous voyons de luy !
Qu'à ses nièces on doit, qui gravent aujourd'huy,
Comme des curieux pas un seul ne l'ignore !

XVI

Pour Boivin et Lourdel, on ne prend pas la peine
De relever si fort les choses qu'ils ont fait.
René Boivin d'Anjou, pour un graveur parfait,
N'a que du Florentin[16] suivi l'étroite veine.

XVII

Nostre Édouard Egman [17] en bois est admirable,
Comme on le peut juger de ce qu'on voit de luy,
Après Jacques Calot, sa gloire, et son appui,
Dans ses gueux exprimez d'un air incomparable.

XVIII

J'en dirois bien autant de ses petits Caprices,
Chef-d'œuvre, à mon avis, d'un burin excellent,
Où, comme après Businck [c], il n'est point violent
Et laisse dans l'esprit de secrettes délices.

XIX

D'un burin délicat maistre Estienne de Losne
A dépeint en petit, d'un air ingenieux,
De Raphael d'Urbin des desseins curieux,
La Genèse, le Monde, et la gloire du trosne.

XX

De Daniel Rabel nous avons peu de chose.
Il estoit inventif surtout pour les balets ;
Ses desseins furent vus dans le Royal Palais,
Sans trop de fixions de la métamorphose.

XXI

D'Eustache Le Sueur, dont l'on peut faire estime,
Bien qu'il ait peu vécu, ce qu'il a fait de beau,
Dont Paris est orné jusques sur son tombeau.
Treize estampes pour luy montrent son air sublime.

XXII

De Jacques Sarrasin de Paris, comme Eustache,
Eut les mesmes graveurs pour montrer son sçavoir,
Daret et Dorigni, par qui l'on le peut voir,
Sans que de son grand nom rien du tout se détache.

XXIII

Daniel du Moutier eut une ame sincère.
Travaillant en crayon, il s'en fit de l'honneur.
En cela son sçavoir fut rempli de bonheur ;
Sa parole estoit douce et sa piqueure amère.

XXIV

A propos de Rabel, Jessé [19] fut admirable
A former des desseins pour des jeux de balet ;
Ses crayons achevez ne portoient rien de laid,
D'une manière fine et d'un air agréable.

XXV

L'heureux Charles le Brun et Gabriel, son frère,
L'Aleman de Nanci [20], l'un et l'autre Mignard.
Jean Mielle, Morin ; de Nantes, Charles Erard,
Geofroy de Moutier, de Daniel grand-père.

XXVI

C'est de Charles le Brun que l'on voit d Alexandre
Les tableaux inventez dans le grand goust du Roy,
Pour marquer de son cœur le belliqueux employ.
Où quelqu'autre que luy ozeroit-il prétendre ?

XXVII

Le cavalier Bernin le depeint tout de mesme,
Avec cet air si haut qui veut estre adoré ;
L'ouvrage de Varin y seroit comparé,
Tant son bust glorieux est fier sans diadème.

XXVIII

Le Brun, Bernin, Varin, l'habillent à l'antique;
Mignard l'habille ainsi, quand il est à cheval,[mal,
Les bras nuds et les pieds presque nuds bien en
Sans étrieux encor, ce qu'on tient heroïque.

XXIX

Je ne l'entens pas bien, n'aimant que trop l'histoire,
Pour dépeindre au public le prince tel qu'il est,
Faut-il estre menteur, sens y prendre interest ?
Quel tort la verité feroit-elle à sa gloire ?

XXX

Couronner donc son front d'un brin d'herbe est-il
Parce qu'un empereur en eut son front orné [juste,
Dans la mode d'un temps où tout fut si borné ?
On en fit cependant un autre pour Auguste.

XXXI

Les Empereurs plus bas, sans les dire barbares,
Trajan, les Antonins et le grand Constantin,
Changèrent la couronne au gré de leur destin,
Et ne feignirent pas de porter des thiares.

XXXII

Mignard a peint la voute à fresc au Val-de-Grace;
C'est un ouvrage illustre, et l'on voit de Bourdon
L'hotel d'un président, où brillera son nom,
Pour l'ample promenoir dans tout son grand espace.

XXXIII

Que n'en diroit on point si c'estoit là l'ouvrage
De quelque Italien, pour en faire du bruit ?
Nous sommes ainsi faits, préoccupez sans fruit,
Pour n'y pas rechercher nostre propre avantage[10].

XXXIV

Rubens à Luxembourg a déployé sa gloire,
On n'en profite pas, à peine en parle-t-on :
Le Palais Cardinal ne fait qu'un peloton,
Où l'on a des François représenté l'histoire.

XXXV

De Georges l'Aleman on voit plusieurs figures
Que Businck mit au jour en bois et clair obscur;
D'autres que son poinçon a faites d'un air dur ;
D'autres par Brebiette et Dorigni, plus sures.

XXXVI

Jean Morin, acquitant son devoir à l'eau-forte,
A donné cent portraits, et des pièces encor,
Sur des sujets divers, comme un pieux trésor.
Car il estoit devot, et vesquit de la sorte.

XXXVII

Nicolas Boleri [11], Nicolas de la Fage,
Robert Picou de Tours, Provost [12] et Jean Boucher [13],
Calot, Spirinx, Heraud [14], Rousselet et Richer
Nous pourront obliger d'en dire davantage.

XXXVIII

[neille,

François Pourbus, Caron, Melan, Michel Cor-
Deux ou trois Ferdinand, et l'un et l'autre Audran,
Natalis, Valedor, Vanmol, Falck et Goiran
Empescheront souvent qu'un bon œil ne sommeille.

XXXIX

Claude Melan, qui seul donneroit à sa ville
Quelque nom glorieux, excelle en son burin,
Qui figure d'un trait l'humain et le divin,
Ouvrage nom pareil dont s'honore Abbeville[15].

XL

Michel l'Asne, estimé, surprenant bien du monde
Par son burin si net, fut loué de son temps :
Plus de cinq cents portraits, au goust de force gens,
Ont honoré ses jours, tant sa main fut féconde.

XLI

Dans un juste dessein conduit d'une main seure,
Rousselet fait bien voir qu'il est grand ouvrier ;
Son air est généreux, sans y rien oublier,
Faisant d'ailleurs fleurir une noble graveure.

· XLII

Philippe Thomassin, qui fut long-temps à Rome,
Prit les loix du païs, abandonnant le sien ;
Il estoit un peu dur, mais il travailloit bien,
Et, de ce qu'il a fait, Troye enfin se renomme.

XLIII

François Chauveau pouvoit mériter de la gloire
Pour son invention, s'il eust eu cet air doux
Que l'art luy denioit dans ses plus hardis coups,
Quand il vouloit toucher les desseins de l'histoire.

XLIV

D'Albert, en bois on voit la teste d'un colosse :
Il le fit tout exprès ; mais cela n'est point beau ;
J'aimerois mieux Ganiere[16] éteignant un flambeau,
Et les traits de Biard, d'un goust un peu féroce.

XLV

Jean de l'Astre [17] peut-il mériterquelqueplace, [let?
Où nous voulons marquer François Spierre et Va-
Picard, venu de Rome un peu devant Baudet,
Du Chasteau d'Orléans avec sa belle audace ?

XLVI

Estienne du Perac entend l'architecture ;
Joseph Boilot l'entend pour ses termes divers ;
Jean Maucler du Lignon y conçoit de grands airs ;
Simon Maupin souvent y mesle la figure.

XLVII

Pour Nicolas Poussin, il est incomparable :
On l'admire partout, et quand il a vescu,
De tous ceux de son temps pas un ne l'a vaincu.
Il le faut donc louer, puisqu'il est admirable.

XLVIII

Les Tettelins connus, le Postre et les Perelles,
Tortebat et du Loir, Tavernier et Mozin,
Les David, les Poillis, Boulanger, Limouzin,
Sans estre distinguez nous feroient des querelles.

XLIX

Ceux-cy nous en feroient chez Pierre Mariette,
Fouquière, Lamiel[18], Velut[19], Guignard, Blondeau[20],
Gribelin, Gilbert Seve, et Quesnel, et Moreau,
Berchet, Stresor, Le Fevre, et Belange, et Fillette[21].

L

Mais d'une autre façon, Boulonnois et la Mare[22],
Langot, Lochon, Grignon, Bignon et Collignon,
Humblot, Roussel, Matthieu[23], Briot et Charpi-
[gnon,
Le triste Jean Piquet[24], et Ganière, et la Bare[25].

LI

Frône, Sauvé, Bonnard, Auroux et Dellarame[26],
Vibert[27] et Nicolas, Catreux[28] et Pelerin,
De Son, Robert Boissard, l'Enfant, Charles Melin,
Crayer, Crozier[29], Crespin[30], Denisot[31] et Ladame.

LII

Louys Hans[31], Patigni[33], Bachelier, la Roussière,
Lens[34], Casans, Valeri, Jacquart, Michel Pelais,
Robert le Roy, graveur, Michel Faulte, au Palais,
Courbes, Jaspar Isac, et Grand-Home, et Tour-
[rière[35].

LIII

Avec Vouĕriot[16], je louerois Bonnemère,
Alexandre Valée, et Lourdet et le Blond,
S. Igny, du Frénoi, qui traite tout à fond, [frère.
Mauperché, Phelippon[17] et Blasset[18], son con-

LIV

On ne méprise pas Claude de la Ruelle[19] ;
On estime en son genre, avecque Jean Marot,
Androuet du Cerceau, Jean Brun[50], Pierre Colot,
Lombart, Albert Flamen, Franchine[51] et Jacques
[Gelle[51].

LV

LeMercier, Metezeau, François Mansar, Le Postre,
Sambin, Mirou[53], Deïran, et Geran, et Bruant[51],
Cottard[55] et Perroteau[56], Roger Bourges, Durant,
Les Stelles Boussonnets frère et sœurs l'un pour
[l'autre.

LVI

On ne peut trop louer, ce me semble, Sylvestre ;
Ce qu'il fait, il l'exprime avec tel agrément,
Que pour l'architecture il se montre charmant :
Qui ne voit quelquefois de sa main la palestre ?

LVII

Entre les bons graveurs sont Pitau, qu'on déplore,
Lombard et Vandermul[57], qui fait de grands sujets;
Audran, qui suit du Brun les célèbres projets;
Hedelins[58], Regnesson et Jean Toutin[59] encore.

LVIII

Nanteuil est au dessus de toute bagatelle :
Il s'est mis hors du pair dans sa profession ;
Un seul portrait qu'il grave est en perfection ;
Comme il fait de beaux vers, sa veine est immor-
[telle.

LIX

François et Nicolas Poilli sont d'Abbeville,
Thibaud Poissan⁶⁰en est, l'Enfant. Robert Cordier⁶¹,
Chacun d'eux en son genre honorant son métier ;
Mais l'aîné des Poillis entre tous est habile.

LX

Des citoyens de Tours, diray-je Abraham Bosse ?
Son eau-forte admirable est allée aussi loin
Qu'on la pouvoit porter par adresse et par soin ;
Mais pour vouloir écrire, il gasta son négoce⁶².

LXI

Les eaux-fortes qu'on peut louer avec la sienne
Sont de François Perrier, de Michel Dorigni,
De Sylvestre et Perelle et de Chauveau parmi,
Où sur toutes, le Postre, on voit briller la tienne.

LXII

Mais de Calot qui peut surpasser l'industrie ?
Calot, presque divin, devançant Mauperché,
La Belle, dont le Clerc pourroit estre fasché,
Sans Herman⁶³ et Barrière, honorant leur patrie.

LXIII

Bellange est au dessous de ces mains si parfaites ;
Mais Claude le Lorrain n'en use pas ainsi ;
Le jeune Audran non plus pour Le Brun, son souci ;
Paine[64] a pour son Poussin des expressions nettes.

LXIV

Le Clerc fait à l'eau-forte avecque tant d'adresse
Tout ce qu'il fait si bien, qu'on en est étonné :
Vandermule accomplit ce qu'il a dessiné ;
Le libertin Cochin a beaucoup de richesse.

LXV

On loue Albert Flamen, et Garnier est louable ;
Les Hollandois le sont : Vaterlo[65], Polembout[66],
Velde[67], Lives[63], Rhinbrand, Vischer, Ostade,
[Gout[69] ;
Mais, si j'allois plus loin, je me rendrois blâmable.

LXVI

Charles Le Brun luy-même, avec son grand génie,
S'est servi de l'eau-forte ; et la main de Vignon,
Grand peintre, a dessiné, tout ainsi que Bourdon,
Où Vaillant[70] s'est acquis une gloire infinie.

LXVII

Qui pourroit oublier Scalberge et Boutemie[71]?[son[72]?
Provost, l'Homme[74], Firens, Manessier[73] et Mas-
Le sçavant Peyroni[13], Cossin[76]. Simon, Sanson[77]?
Barbe d'or[78], Materot[79], et la docte Pavie ?

LXVIII

Qui Claude le Lorrain, et la Plate-Montagne ?
Dominique Barrière, et Robert et Berton ?
Jean Blanchin[80], Desparois, et Cordier et Le Bon ?
Pierre Daret, Tournier[31] et Philippe Champagne ?

LXIX
[boise

Jean Cousin est bon peintre, et les Beaubrun d'Am-
Doivent estre estimez ; et peut-estre Jean Dieu[12],
Chastillon, Jean Barbet, Pierrets, Hubert, Beau-
[lieu ;
Mais qu'on donne à Cottars le compas et la toise.

LXX

Si, pour le jardinage, on lit la Baraudie[81],
On y peut ajouter et le Nostre et Valet[81],
Le floriste Robin et les quatre Molet[83],
Rabel[85], Betin[87], de Caux[88], Lauret, La Quindinie[91].

LXXI

Pour les ingénieurs dans la mathématique,
Les de Caux de Dieppe, et Besson Dauphinois[97],
Renaudin de Sedan, Petit de Bourbonnois.
Hanzelet de Lorraine, en sa Pyrotecnique[91].

LXXII

Pour le gros bois taillé, Nicolas Matonnière
Et Denis et Michel, qui portent mesme nom ;
Les Christofle Suisse[91], et Savigni[95], moins bon ;
Savari, de Lyon, sur diverse matière.

LXXIII

Médiocres graveurs, Humbelot et Ganière,
Lagnet [91], Vanloch [93], Jolain, Roussel, d'Auroux [96],
                                    [Guérin,
L'un et l'autre Picard, Piquet, Isac, Blandin,
Michel Pelais, l'Hullier, François de la Roussière. -

LXXIV

Faudroit-il oublier, touchant l'orfévrerie,
L'un et l'autre Égaré, Laurent et Gédéon [97] !
Pierre-Jean de Bullant ? Estienne Carteron [98] ?
La Barre, l'Éveillé ? de la Quevillerie [99] ?

LXXV

Fourbisseurs, serruriers, arquebuziers encore,
Guillaume le Lorrain [100], et Mathurin Berthon [101] ?
Marcoul [102], arquebuzier ; Jaquart [103] et Jaroton ?
Theodore de Bri, Mathurin Jousse [104] et Flore ?

LXXVI

L'ecriture comprend La Roulière Malherbe,
Robert Vignon [105], Beaulieu, Desparois et Petré [106],
Senaut [107] et Limosin [108], de His [109], André le Bé [110],
Et d'Alexandre-Jean [111] le papier et la gerbe.

LXXVII

Là, Lucas Materot, Le Gangneur et Beau-
                                    [chesne [112],
Là, Baugran [113] de Paris ; là, Pavie et Moreau [114],
Jean Matthieu, Peyroni, Cordier et Raveneau [115],
La Pointe, François Soin, sans parler de du Chesne.

LXXVIII

Alfonse du Frénoy, si vous fustes habile
Avecque le pinceau, d'une plume à la main,
Vous avez peint en vers le naturel humain,
Heureusement rendus par le discret de Pile.

LXXIX

Vostre latin, si pur, garde son élégance
Dans l'ouvrage qu'on lit de ce bon traducteur,
Qui se peut bien nommer vostre commentateur,
Penetrant le secret de vostre connoissance.

LXXX

Le fin de la peinture est connu par de Pile ;
Nul ne peut ignorer, par Pamphile et Damon
(Qui ne sçauroient celer sur ce sujet son nom),
Que tout ce qu'il en dit est charmant et facile.

LXXXI

Qu'on ne s'attende pas que je laisse Fouquière
Dans une multitude où j'ai nommé Pelais :
Ce débauché mérite une entrée au palais,
Et pour le païsage on prise sa manière.

LXXXII

Jean Nocret ne peut estre avec Faulte et Grand-
[homme,
Sans estre distingué, comme un peintre excellent :
Il fait parestre en tout un certain air galant
Qui veut que dans le Louvre et partout on le nomme.

LXXXIII

Gilbert Sève et le Febvre ont beaucoup de mérite,
Dans leur douce manière on voit de la grandeur ;
Gribelin [116] est louable ; Erard est plein d'ardeur ;
Du Loir et Tettelin ont leur noblesse ensuite.

LXXXIV

De Bourges, Jean Boucher fut un peintre agréable ;
Divers tableaux de luy sont d'un air gracieux,
Sous un beau coloris semez en divers lieux,
Inventeur des sujets de son crayon aimable.

LXXXV

Dans Paris aujourd'huy, dit-on (chose étonnante !)
Plus de mille pinceaux, artistes concurrents,
Touchent dans leur manière, en desseins différents,
Tous les corps naturels sur des toiles d'attente.

———

LES LIVRES ARMORIAVX

I

ENTRE ceux qui nous ont donné des Ar-[moiries
(Le nombre en est bien grand), Ste-
[Marthe, d'Hozier,
Les enfants de ceux-là, Pierre Barra,
[Scholer [117],
Les autheurs des tournois et des chevaleries.

II   [Vales [116],

Le Tourangeau du Chesne et le Chartrain de
Finé de Brianville [119], et Vulson Daufinois;
Chifflet de Besançon, Menetrier Lyonnois,
De Varenne [120] et Monnet [121], et deux nobles
                                    [l'Escales.

III

La Roque [122], le Breton de la Doënerie.
Salvain de Boissieux, Jean Maigret de Moulins;
Les roys d'armes lorrains, de Flandre et de Salins,
Gagnères de Bourgongne et la Poinçonnerie.

IV

Le jeune Laboureur qui, dans ses beaux ouvrages,
En cela si souvent a marqué son sçavoir,
Blanchar, l'Hermite, Ancelme [113], ou beaucoup peu-
                                    [vent voir,
Comme dans du Bouchet [114], dissiper maints nuages.

———

LES GRAVEURS D'ARMOIRIES.

V

Ceux qui pour le blazon ont fait le plus de choses,
D'entre tous les graveurs, faudroit-il rejetter
Trois Firens, trois Picards, que l'on craint d'imiter,
Vanlochon et Vanmerln, sans en dire les causes?

VI

Boisseau, l'Huillier, Jollain, Jaspar Isac encore,
Si libéraux à mettre en chaque endroit leur nom,
Jacques Humblot, Langot, Ganière et Charpignon,
Paliot [115], Seguenot [116] et Roussel qu'on déplore?

VII

Balthazar Montcornet, Alix et Michel Faulte,
Et Gabriel le Brun, la Roussière et Blandin,
Faber [117] le Lyonnois, Claude Audran et Guérin,
Melchior Tavernier, d'une façon plus haute?

VIII

Pour faire des portraits de manière inégale,
Bien qu'on n'y trouve pas le burin de Melan,
De Gilles Rousselet, de Lucas Kilian,
De Nanteuil ou de l'Asne en son bon intervale.

IX

Faute d'autres, de mesme, on souffre la graveure
D'Humbelot, de Jollain, de Roussel, de Noblin,
De Christo [118], de Bersy [119], de d'Avroux, de Guérin,
Qui conservent si peu le goust de la peinture.

X

On aime le Petit, Jean Reiners et Jean Frosne,
Jean Durant d'Orléans [120] et Jean Regnaut de Caën,
René Lochon, Ragot, Jaspar Isac, Boudan [121],
Gantrel et Messager, Maillot, si loin du trosne.

XI

Jean Picquet, le Bossu, Larmessin et Ladame,
Colignon et Colin [117], Nicolas Regnesson,
Edme Moreau de Rheims, et Bignon et Grignon,
Jean Picard pour l'antique, la Mare et de la Rame.

PEINTRES DIVERS

I
[mérite,

P EINTRES de peu de nom, mais pourtant de
Plaustein, Matthieu Fauvel, Poisson, Ra-
[ton, Bou, [125].
Bellot, Ninet [127], Lourdel, Baugin [133],
[Strezor [134], Vari [135].
Buguin, Verspronels [136], Berchet [137], Paillet [138],
[Doffet et Sixte [139].

II
[Chesne [140],
Jascard, Jacquart, de His, Jean Dieu, Hurel [141], du
Philippes Lourdelet [142], Jean Cittermans, du Pré [143],
Le Telier [144], Bonnemère [145], Jean Lis et Diapré,
Thomas Picquet, Cheron [146] et Gribelin [147], et
[Paine [148].

3

III

Le Breton [111] et Caï [112], Louis Hans et Garigue,
Charles Mellin [113], Lorrain, avec Robert Melin ;
Mathurin Montcornet, Jean Lis et Pelerin [114] ;
Jean le Blanc, de Lyon, et, de Tours, Jean Lar-
[tigue [115].

IV

Du Dot [116] et Guillerier [117], Juste d'Egmont [118],
[Bourzone [119],
Henri Faulx [120], de Dijon, l'un et l'autre Bernard,
Jean Madain [121], Vanloo, de la Mare Richard,
Sept Quénels, et Blasset, architecte du trône.

V

Hierosme Franque aussi, Pierre de Franqueville,
Erard de Bressuïre et Marin le Bourgeois [122] ;
Et le petit Bernard, si délicat en bois,
Et Louys du Garnier, d'une main si subtile.

———————

Des Religieux qui ont excellé en peinture.

I

NOMMONS encore icy l'ingénieuse addresse
Des moines excellens à toucher le pinceau
Qui gardent au crayon ce qu'il a de plus
Pour y faire admirer beaucoup [beau
[de politesse.

II

En cela nulle main S. Victor ne surpasse,
Pour son religieux le père du Buisson [1],
Qui feroit du pastel la première leçon,
Si Nanteuil n'avoit point son mérite et sa grâce.

III

Le père de Saillans [2], peintre en miniature,
Entre les Augustins acquit un grand renom,
Fut connu dans Paris et mort en Avignon;
On le peut bien nommer très sçavant en peinture.

IV

Frère Ambroise Feideau [3] fut célèbre en son ordre,
Et comme excellent peintre, et comme bon
[sculpteur;
Dont Tolose connoist le fond d'un tel autheur;
Où dans ce qui s'en voit nulle dent ne peut mordre.

V

A Tours également Guénaud [4] fut admirable,
Dont son couvent orné garde de grands tableaux,
Qui se peuvent priser entre tous les nouveaux,
Mais il devint aveugle et fut inconsolable.

VI

François Courde [5], Augustin, a, d'Estienne Ra-
Des pères Augustins le saint réformateur, [bache,
- Fait le portrait dévot; ce bon dessinateur,
Méritant qu'on l'estime au devoir qui l'attache.

VII

Dunstan [*] Bénédictin, a donné de Tarisse,
Général de son ordre, un excellent portrait,
Que Morin a gravé dans son œuvre parfait,
D'où l'on voit de sa main l'excellent artifice.

VIII

On peut aussi louer des Mineurs la peinture :
Frère Luc, Recolet, est un peintre excellent ;
Antonin [*], Capucin, égale son talent ;
Et des deux le profil s'ajuste à la figure.

IX

Des pères Cordeliers on en connoist d'habiles :
Le père Jean François a fait de beaux portraits,
Qui, gravez par Cossin, conservent leurs attraits ;
Le père Peroteau trouve aux siens des asyles.

DIVERS GRAVEVRS

I

Thomas de Leu.

THOMAS de Leu forma dans des ronds ses si-
[tyles ;
Il fit d'un burin doux ses anges à my-corps,
Cent portraits de la cour et de ceux de
Et l'on a fait estat de ses desseins faciles.   [dehors.

II

Gaultier.

De Léonard Gaultier la manière un peu dure
A pourtant sa beauté, surtout dans ses portraits ;
En ses tiltres de livres, enrichis de fins traits,
Aux thèses de Meurisse, il plut par leur figure.

III

Il donna la Psyché, les Rois et les Prophètes ;
Dans leurs quadres petits, ses illustres si beaux ;
De Philostrate on voit de lui quelques tableaux,
Et, dans plusieurs desseins, il sert aux interprètes.

IV

Ensemble on peut ranger Cochin et Brebiette :
Tous deux sont inventifs, et tous deux hardiment
Ont fait divers sujets qui plaisent un moment ;
L'abondance des deux à l'eau forte est complette.

V

Les David sont nombreux : Hierosme, en Italie,
A fait un livre exprès de quelques grands seigneurs ;
Charles, son frère, a fait quelques desseins meilleurs ;
Et, dans l'œuvre des deux, certain air doux se lie.

VI

Jean Boulanger plaist fort, s'il suit un bon mo-
Son burin élégant a beaucoup de douceur ; [delle :
Que s'il est un peu lent, il flatte son censeur,
Et sa dévotion est exacte et fidelle.

VII

Crispin de Passe a fait trop de choses en France
Pour ne dire qu'un mot de ce bon Zelandois ;
D'Antoine Pluvinel il a fait les Tournois,
Cent desseins de roman avecque bien-séance.

VIII

Des emblèmes divers, où Barbara Crispine
Et Magdelaine Passe ont beaucoup travaillé ;
Deux portraits malheureux ont presque tout brouillé ;
Mais on en voit de luy de bien meilleure mine.

IX

De Michel Natalis [1], comme de sa Chartreuse ;
On aime le burin pour son trait gracieux ;
Ses Antiques si doux, qui plaisent tant aux yeux,
Sont d'un air élevé, d'une main généreuse.

X

Falque [2] le Polonois, plus sçavant que Zénarque,
A fait chez nous souvent des femmes en portrait,
Ou pour la comédie, ou pour quelque autre attrait :
Mais, chez luy de retour, il peignit son monarque.

XI

Faitorne l'Anglois a travaillé de mesme ;
Parmi nous on le mit dans la dévotion ;
Son burin y fit voir sa bonne intention ;
Mais pour son cher païs son amour fut extrême.

XII

C'est de Pierre Daret que Monsieur de Haurane
On conserve en portrait, de mémoire exprimé,
Par du Moutier le peintre en sa teste imprimé,
Honorant d'un grand nom le vénérable organe.

XIII

C'est de Robert qu'on voit de choses admirables,
Pour des oiseaux divers et pour des fleurs encor,
D'une rare beauté plus charmante que l'or,
Dont les originaux sont presque incomparables.

XIV

Depuis il a gravé des oiseaux en grand nombre,
Tels que ceux que l'on voit formez d'un air si doux
Par Antoine Tempeste, admiré parmi nous,
Dont François Villamène éclaircit le jour sombre.

XV

De Langres ce bon peintre a pris son origine ;
Il aime sa patrie et se sent du bonheur
Que la victoire apporte à tous les gens de cœur,
Qui s'attendent toujours à la faveur divine.

XVI

Du Cerceau.

Nul n'a tant dessiné de bastiments antiques,
De modernes non plus, qu'Androuet du Cerceau :
Il a fait ceux du Louvre et de Fontainebleau ;
On voit de luy partout ses arcs et ses portiques.

XVII

Il a fait, de morceaux de grande architecture,
Des termes, des piliers avec leurs chapiteaux,
Des jeux de perspective en des desseins nouveaux;
Des vases, des buffets de diverse figure.

XVIII

Philbert de Lorme estoit un célèbre architecte;
Clani [1] le fut encor, et puis François Mansart
Fit à Ste-Marie un chef-d'œuvre en son art ;
Il dessinoit ailleurs une bibliothèque.

XIX

Jean Marot, architecte, a dessiné le Louvre ;
Il a peint le chasteau pompeux de Richelieu ;
Des palais sont de luy, des temples en maint lieu,
Et pour l'art de bastir le secret il découvre.

XX

De Jean Couvay l'on voit des pièces agréables,
Après Stelle et Vignon, du Loir, Blanchar, Per-
En figure il a fait le Despautère entier,   [riers ;
Et beaucoup de portraits de luy sont supportables.

XXI

Voüillemont chez Rabel fit son apprentissage ;
Il fit après le Guide, Albane, Raphaël ;
Ses portraits d'Italie ont un goust de pastel ;
Neuf princes Lascaris honorent son ouvrage.

XXII

C'est Antoine Benoist de Joigni de Bourgongne,
Qui fait toute la cour si bien au naturel,
Avecque de la cire où se joint le pastel,
Que de la vérité l'âme seule s'éloigne.

XXIII

L'un et l'autre Jaillot, deux admirables frères,
Du lieu de Saint Oyan dans la Franche-Comté,
Sur l'yvoire exprimant toute leur volonté,
L'animent par leur main sur des sujets contraires.

XXIV

Par Simon on diroit que la matière endure ;
Hubert la fait plier de la mesme façon ;
De quelle utilité profite leur leçon,
Et qui peut mieux former une noble figure ?

XXV

Aubin Vouet a peint comme Simon son frère ;
Il a fait S. Philippe et l'Ethiopien.
S. Estienne debout sans besoin de soutien,
Animé qu'il paroist d'un divin caractère.

XXVI

L'Asne en est le graveur dans sa bonne manière,
Où le dessein entier se montre à découvert ;
D'Aubin on voit encor la Vierge de Tudert [13],
Resplendissante autour d'une grande lumière.

Sept Peintres de la Famille des Quesnels [1].

I

Six peintres des Quesnels, et tous considérables,
Qui sont sortis de Pierre et de ses trois enfants,
Deux François, Nicolas et Jacques triomphants,
Augustin et Toussaint ingénieux, aimables.

II

Pierre avoit fait aussi les vitraux de l'église
Qui dans les Augustins sont derrière l'autel,
Ouvrage en son dessein, sur le verre immortel,
De Christ montant au ciel, dont la mort est sur-
[prise.

III

Là, de Henri Second se voit l'image encore,
Celle de son épouse à genou vers le bas,
Dans l'an cinquante sept, sans suite de soldats,
Entre les docteurs saints debout que l'on honore.

IV   [homme ;
Tout est plein des travaux, d'ailleurs, de ce rare
Mais bien plus de François tout le monde est semé,
Qui dépeignit la cour, en ce genre estimé,
Et qui suivit Janet, que partout on renomme.

V

Il fit des grands tableaux pour les tapisseries,
Tels que ceux de son père, ou du grand Auxerrois,
On honore le nom dans l'église des rois,
En fit d'hommes puissants sous d'amples galeries.

VI

Il peignit les tableaux pour la superbe entrée
De la reine Marie auprès de son Henri,
Au milieu de sa gloire, en un temps favori,
Quand ce prince mourut d'une manière outrée.

VII

Il peignit de son fils, dans la cérémonie,
Le sacre que l'on fit en l'église de Rheims,
Que de Leu mit au jour sur quelques tableaux peints,
Et partout l'on connut quel fut son beau génie.

VIII

Jacques peignit des saints, des voutes, des chapelles;
Il peignit des tableaux pour l'hostel de Zamet,
Il en fit pour le prince à qui tout se soumet,
Et l'on connut de luy mille beautez nouvelles.

IX

De Jacques, Augustin, qui survéquit son frère,
A laissé des portraits qu'il exprima si bien
Qu'à leur naïveté l'on ne désiroit rien,
Le puisné de celuy qui des vertus fut père.

X

Je dis Jacques, celuy père d'une famille
Dont le second, François, le vice a combatu,
Et quitté la peinture, imitant la vertu
De ses frères pieux dont l'oratoire brille.

XI

Nicolas, si sçavant, dans les nobles familles,
Fit des blazons prisez en son temps pour la cour,
Dont il fut, disoit-on, l'objet de son amour,
Laissant son fils Toussaint père de plusieurs filles.

XII

Mais Toussaint fut un peintre en des sujets d'his-
Employé quelque temps avecque Freminet [toirè,
Comme avecque du Breuil, qui dans le cabinet
Applica son pinceau pour orner sa mémoire.

Suite des Peintres qui ont vescu en France
depuis 1600.

I

Mon dessein entrepris sous la main semble
[croistre,
S'il faut encor nommer tous les peintres
[connus,
De qui depuis six cent les travaux l'on a vus,
Sans que le temps jaloux les ait fait disparoistre.

II

Des enfants de Vignon [**], Nicolas et Philippe
Méritent d'avoir part dans ce long entretien ;
Et Charlote, leur sœur, a travaillé si bien
Qu'elle a fait admirer sa rose et sa tulipe.

III

On a fort estimé Georges de la Chapelle [1],
Dauvel [1], Chauvel, Franquart [1], Langlois, Charles
[Daufin [1],
Du Guerrier [1], Roëlant [1], Estienne Villequin,
Barthelemi Mazot [1], Isnal et Jean Cotelle.

IV

On peut louer Cossiers [1], de Sam, Herbin [1], Du-
Et Didier Humbelot, Danoot [1] et Fillet [1], [chale,
André Cretey [1], Pinac [1] et Pierre Coulombet,
Du Laurier [1], des Lauriers et Subbu, qui l'égale.

V

En ce rang on peut mettre, avec Jacques Bolongne,
Et Federic Scalberge, Henri Gascard, Courtois.
Morillon [1] et Vanboucle [1] et Riche pour ses bois;
Quant à Robert Vauguier, on aime sa besongne.

VI

Jean Daret, et Forest, et Jacques d'Assomville,
Ne sont pas moins connus que Louys le Meusnier [1],
Michel Frédeau, Moilon [1], Baussonnet et Selier,
Henry Pesne et l'Estain, Both et Pierre Gobile.

VII

Jean Berci [1], pour les fleurs, fut un peintre admi-
On a prisé Le Maire et l'Aleman Stresor, [rable;
Et Nicolas Bolgon le fut de mesme encor;
Et, pour le païsage, Asselin [1] fut semblable.

VIII

On a loué Floquet [1], les Naims [2] de Picardie,
Laurent Picard [3] aussi, le Liégeois de Nets ;
Paliot [4], Jean Rhodolphe, et de Lens, et Perets [5] ;
Leremberf fait bien voir que sa main est hardie.

IX

Je ne méprise point ni Lincler [1], ni Beaufrère [2],
Ni Godran de Dijon, ni le Dard [3], de Chalons,
Ni Murgalet [4] de Troye en peignant ses melons,
Ni Baudisson [5], ni l'Homme [6], ami de Bonnemère.

X

Je ne rejette point Thomas Piquot, Robuste ;
De Jean Barthelemi [1] le nom est bien venu,
Des Nouettes, Guignard [2], Paris a maintenu,
Et Jean Coquelimont n'y fait rien que de juste.

XI

Du nombre des François, quel homme fut Marcile,
Qui paignit sur le verre et se fit admirer
Jusques dans l'Italie estant à désirer,
Pour sa belle manière et pour sa main subtile ?

XII

Et du grand Valentin, de Coulommiers en Brie,
Quel estat faut-il faire, estant capricieux ?
De son ouvrage on voit des tableaux précieux
Qui feroient l'ornement d'une ample galerie.

XIII

Ceux que je vais nommer honorent la Loraine,
Henri Hubert, Merlin, Nicolas de la Fleur²⁰⁹,
Et Nicolas de Bar²¹⁰, Courtois²¹¹, plein de chaleur,
Des Ruez de Nanci²¹² ; la Tour s'y joint sans peine.

XIV

A Tolose on connoist l'œuvre de la Perrière,
Et Durand²¹³ et Muguet²¹⁴, comme ailleurs Torto-
Jean Gabriel, si rare en dessein de balet,   [ret²¹⁵,
Bramereau d'Avignon avec moins de lumière.

XV

Que Samuel Bernard et Douffet²¹⁶ de Liége,
Excellens en leur genre, on ne peut trop louer,
Aubert le Lionnois, qui se plaist à jouer ;   [siége.
Pour moy j'aime du Puits²¹⁷ et Blanchet²¹⁸ pour son

XVI

De Bourzone et Montagne, émus par leurs Tem-
Ne parleroit-on pas, si de Martin Pâris   [pestes,
Et de Vincent Vaillant on célèbre les ris ?
Vibert, de Raphaël imite les conquestes.

QVELQVES GRAVEVRS OBMIS

I

Voici quelques graveurs obmis entre les au-
[tres :
Alexandre Gouban [1], André Bertrand
[de Metz,
Jacques Baudoux, Binet, Jaquinet [2], des Marets [3] ;
De Bie [4] et Terochel, qui n'estoient pas des nostres.

II

Nicolas de la Cour, des Pesches [5] et des Perches
En estoient bien d'ailleurs ; Denisot en estoit,
De la Rue et le Maire [6], et le Doyen [7] qu'on voit,
Et Nincler à l'eau forte, avecque ses recherches.

III

Nous avons eu Mazot, Pajot [8] et Bonne Jonne [9],
La Pointe de Verdun et François de Verneuil,
Jean Pesne de Rouen et Baudet de Vineuil, [ronne.
Marchet et Pierre Estienne, et Fournier [10] et Le-

IV

Nous avons eu Migon [11], Michelin [12], des Croisettes,
Jacques le Long, Blanchin, Louys le Boulonnois [13],
Beret [14], Nicolas Pierre et Poinçard [15] Chalonnois,
Guillaume du Vivier [16] et Pierre de Nouettes.

V

Jean Perissin, Fatoure[225] et Nicolas des Hayes[226],
Rivière[227], Jean Bernard, Jean Colin[228], Jean Croi-
[sier[229],
Jean Alix[230] de Moulins, la Ruhelle[231] et Charlier,
Charpentier[232], dont le chiffre efface maintes playes.

VI

Millot[233], Benoist Thiboust[234] et Bernard de la
[Place,
Richel, Charles Burette[235] et Gabriel Audran[236],
Gérard Audran encore et Poulain de Roüen,
Iean Estienne de l'Asne[237] avecque peu de grâce.

VII

Jacques Beli[238], Chartrain, a fait après Carrache,
Jardin et des Jardins, et le Juge[239] et Crouleau,
Milet, Jacques Picard[240], de Courbes[241], Hulpeau,
Pierre Vanloch[242], le fils, où son humeur l'attache.

VIII

Quelques filles.

Des filles Geneviève, en ce rang Brebiette,
Mérite qu'on la nomme avec Jeanne Matthieu[243],
Les Annes Montcornet, et Picard, en ce lieu,
Ainsi qu'une Marie est de Briot[244] sujette.

4

IX

Les trois Stelles.

Il faut donc à propos, en ce lieu, les trois Stelles
Nommer encore un coup, puisque l'ordre le veut ;
Ce que Claudine fait, Françoise[233] aussi le peut,
Et la jeune Antoinette[234] y mit des traits fidelles.

X

Claude Daigli, Dervet, Chassel[235], sont de Loraine ;
Rouhier[236] est de Bourgongne, avec peu de façon,
Et Gabriel Perier est sorti de Mascon ;
Claude Isac[237] et Burette ont vescu sur la Seine.

XI

Ouvriers en bois.

En bois, nommons encore Estienne de Rivière[260],
Crache[261], Georges Matthieu[262], Claude Bezard[263],
[Felon,
Georges Volant[264], Boulèze[265], avec Jean Papillon[266],
Pillehotte, du Val, Graffard et la Roulière[267].

---

*Jésuites qui ont esté sçavants dans le dessein pour les
choses de mathématiques et d'architecture.*

I

Combien d'hommes sçavants d'entre les jésuites
Ont aussi dessiné sur des sujets divers !
Pour les beaux bastiments, leurs livres sont ouverts ;
Martelange[268] et Derrand[269] ont leurs règles écrites,

II

Frère du Breuil[*10] a fait l'art de la perspective,
Georges Fournier la montre à Bourdin de Moulins ;
Vattier de Normandie invente des moulins,
Et Pierre Bobinet mérite qu'on le suive.

III

Claude François Milliet Descales[*11] fortifie ;
Il attaque, il défend les places et les forts,
Sur la terre inégale, ainsi que sur les ports ;
Mais, pour tous ses projets, faudra-t-il qu'on s'y fie ?

IV

Cordeliers.

D'Haroldus, cordelier, nous avons des emblèmes ;
De Gabriel le Fèvre on a d'autres desseins ;
Ceux de Louys Boulai se trouvent assez pleins ;
Ceux des Carmes Gaifard et Gaspard sont pro-
[blèmes.

V

Bénédictin.

De Gislain de la Rûe on connoist la pratique ;
Dans S. Vaast de Douai l'on ouït les leçons,
Et ce Bénédictin, grand en toutes façons,
Fit sentir ton sçavoir dans la mathématique.

VI

Bernardin.

Le moine de Chailli, Guillaume Guilleville,
Fit aussi des écrits qu'on garde chèrement,
Enrichi de desseins qui font leur ornement,
Pour les beaux bastiments des champs et de la ville.

VII

Prémontré.

De Louys Barbaran*:* on voit le monastère
De l'ordre Prémontré dessiné nettement :
Car il estoit bon peintre, et peignoit justement,
Des objets naturels gardant le caractère.

VIII

Un Feuillant.

De son livre achevé le Feuillant d'Abbeville
De Ste Magdelaine eut loisir d'y songer,
Et, sans mentir, il est si bon horologer,
Qu'on en voit l'importance en sa manière utile.

IX

Jacobins et Augustins.

Frère Jacques Cillars, Jacobin dans la Flandre,
A peint de beaux sujets; et, pour les Augustins,
Frère Eugène Vanmol, promettant des festins,
Montre avec Padelou qu'on ne peut s'y méprendre.

———————

ARCHITECTES

I

CEUX que je vais nommer, ce sont des ar-
[chitectes :
Les Antoines le Postre[413], et Pierrets[414]
[et Gitard[415],
Jean Girardon, Colot[416], le Muet[417] et Cotard,
Le Petit, au Pont-Neuf, eut ses formes dirrectes.

II

Jacques Boulet, Monor, et Jacques Curabelle[418],
Buri, Duri le fort, qui bastit Coulommiers;
Franqueville[419], qui fut des illustres premiers,
Appellé de Cambrai pour sa gloire immortelle.

III

Isac et Jean François[420] de Tours furent célèbres,
Jean Triert le Lorrain le fut, et Jean Bullant,
Marin de la Valée[421], et Marchant[422] et Bruant,
Egallèrent du Coin dans ses pompes funèbres.

IV

De Nicolas Simon le goust fut légitime ;
Pour deux grands hospitaux, celuy de S. Louys,
Et celuy des blessez pour des faits inouïs,
Deux Noblets, Perceval et Michel l'on estime.

V

On estime Maupin [113] et le Vau [114] pour le Louvre,
Simon Lambert, l'Espine [115], Oudin et Jean Savot,
De Nantes Jean le Duc et Michel Villedot ;
Pour le jeune Mansart, Versaille le découvre.

QVELQVES SCVLPTEVRS

i

Les Anguiers.

ENTRE les bons sculpteurs, et les meilleurs
[de France,
Les deux frères François et Nicolas An-
[guier
Ont de leur industrie honoré leur métier,
Marquant en plus d'un lieu leur grande suffisance.

II

Au nombre de ceux-là, s'il faut s'en mettre en
Joignons-y Girardon et Thomas Duarin,   [peine,
Gorgon, Charles Cassel, Jean Trierst et Voitrin,
Ces trois derniers sortis de la haute Loraine.

III

Joignons-y Vanobstalt [116] et Girardon de Troye,
Et Christophe Cochet, disciple de Biar,
Baltazar de Cambray [117], Petitot et Friar,
Et le sculpteur en bois Legeret qu'on employe.

IV

Après Germain Pilon, statuaire admirable,
J'ay parlé, ce me semble, ailleurs de Jean Varin ;
Mais les Justes de Tours et Jaquin le Lorain,
Avec Michel Bourdin [221] ont icy leurs semblables.

V

Je dis Lasson de Caën, et Curin d'Abbeville,
Compagnon de Poissan [222], qui suivit Sarrasin ;
D'ailleurs, voici Guillain, voicy Thomas Lourdin,
Sans parler de Chenu, si connu dans sa ville.

VI

Quelques Menuisiers.

Antoine Loriot [220] fut en menuiserie
Le premier de son temps ; le Brun fut estimé ;
Pour cela mesme encor Germain fut renommé ;
Mais, pour les beaux desseins, on veut la Tricherie.

VII

Quelques Serruriers.

Dans l'art de serrurier, avec Mathurin Jousse,
Didier Torner [221] on loue, et Guillaume Lorrain,
Nicolas de Jardins [222]; Louche avec son parrain,
Pasquier de Focamberge, et Berton, et la Brousse.

VIII

Pour les jeux de hazard, Antoine Rafle on nomme,
Pour faire une horeloge, onnomme le Ralleur;
Pour les plus beaux cachets, Pelerin a l'honneur,
Et Claude Terouane eut l'œil d'un habile homme.

IX

Quelques Jardiniers.

D'entre les jardiniers et ceux qui font des antes,
On parle de Belin, dont le Nostre fameux
Recommande si fort les soins laborieux;
Guy de la Brosse [293] est bon pour son Jardin des
[Plantes.

X

La Broderie.

Jean Perreux est brodeur, tel que le fut la Fage;
Et pour la broderie, on discerne les traits,
Qui peuvent exprimer quelques fois des portraits;
Mais, pour y réussir, il faut un long usage.

XI

Les Tapissiers.

On en doit dire autant de la tapisserie,
Cet objet si charmant, qui plaist le plus aux yeux,
Quand les desseins sont tels qu'on en voit en maints
Des sçavans Gobelins, sans la Savonnerie. [lieux

XII

Quelques Orfèvres.

Quant à l'orfévrerie, on peut nommer encore
Hedouins [**] et Blochon [***], Jean Dunet [***] et Ja-
[quart,
Estienne Carteron, et le Febvre, et Caillard [***],
Pierre Bougne, et la Barre, et Maurisson Pandore.

XIII

Un Guillaume de Belle, arrivé d'Abbeville,
Vit Josias de Belle à Paris estimé,
Vincent Petit aussi, partout si renommé ;
Hurtu, Moilon, Marchand, et l'Eveillé facile.

XIV

Quelques Ecrivains.

En beaux-arts Abbeville est sans doute féconde ;
En écrivains encore elle eut Jaques de His,
Avec Robert Cordier, honorant son païs,
Qui, de sa belle lettre, agrée à tout le monde.

XV

René des Comtes jeune est sans doute admirable ;
On met en pareil rang Bales, Vignon, Henry;
On y met Gougenot [***], Migon, Jarre, Jary [***],
Michel Martin d'Anjou, partout considérable.

XVI

Les Armoiries.

Ceux que je vais nommer ont fait des armoiries :
Le. Segoin[300] de Bourgongne, avec Charles Sohier,
Monnet, Noblet, Morin, Paliot [301] et Scohier,
Presque tous Bourguignons dans leurs humeurs fleu-
[ries.

XVII

Quelques Ingénieurs.

Pour les ingénieurs, Jean Antoine de Ville[302],
Bachot[303], François de Malthe, et Langres[304] et
L'Espajace, Morel, Louys de S. Malo,   [Carlo,
La Perrière estimé, Goudebout d'Abbeville.

———————

Autre addition concernant les crayons et les desseins à la
main.

Les noms des maistres qui ont travaillé en cette sorte
d'ouvrage, et ceux des François qui ne se trouvent
point marquez ailleurs.

I

ANS les livres que j'ay, dessinez à la plume,
Ou qui sont à la main figurez en crayon.
Voicy des noms de maistre où reluit le
[rayon
D'une fine peinture en chaque grand volume.

II

Jacques Kning et Stacker[305] sont des noms d'Ale-
Nicolas van Aëlst[306] est un nom hollandois; [magne;
Mais en est-il ainsi de Guillaume Courtois[307],
De Charles de la Fond, et de Perrin Montagne?

III

En seroit-il ainsi de Michel de la Rosse,
De Martin le Bourgeois, de son frère Constant,
De deux ou trois Langlois, de Georges le Normand?
Car, pour Jame (1)[308], on le tient d'Angleterre ou
[d'Ecosse.

IV

On y trouve marquez Giles Coninx, des Pesches,
Laurent Gyot, Monpé, Baudinar et Benier;
D'autres disent pourtant Brandimar[309] et Bernier;
Quant aux deux premiers noms, les rimes sont re-
[vesches.

V

On met en pareil rang Vanlejong et Ponlongne,
Luxuderi, Montpré, maistre Paul[310] Jean Chenu,
Ambroise Aumont, Jammont en son temps si connu;
André Bertrand de Metz et Perné de Gascongne.

On y peut mettre encore Isac Joubert, de Siere[311],
Tiner, Toussain, Pâris, Jame Blamé, Maillet;
Jacques Boucher, du Fresne et le jeune Ninet[312],
Et Pierre du Moutier[313], qui prisoit sa manière.

1 Jame Blamé. (*Note de Marolles.*)

VII

De Vitry-le-François, Jean de Mojure en peinture
Avoit acquis du nom, avec maistre Raimond ;
Lanneau[311] n'y faisoit pas bien des choses à fond,
Mais tout de fantaisie en diverse posture.

VIII   [maistre ;

Beaucoup d'autres crayons y sont sans nom de
Mais bien d'autres aussi, dans ce nombreux recueil,
S'y trouvent de Belange[318] et de François Verneuil,
De du Pautre et Chauveau, si facile à connestre ;

IX

De Daniel Rabel, de Pourbus, de la Hire,
De Bunel, de Martin et de Paul Freminet,
De Vignon, de Calot et de François Janet,
De Magdelaine Heraud, dont l'on ne peut médire ;

X

Des faciles Cochins, de Pierre Brebiette,
Des Perelles aussi, de Vanmol, de Bourdon,
Du sçavant Jean Daret[316] et d'Antoine Caron,
De Georges l'Aleman, de Stelle et Simonette[317].

XI

Là, Biar a sa part, plus heureux à la plume
Qu'il n'est dans le burin, comme François Quesnel ;
Geofroy de Moutier, S. Igni, Baudinel,
Androuet du Cerceau, qui remplit maint volume.

XII

Quelques uns des Païs-Bas et d'Alemagne.

De Pierre-Paul Rubens, le dois-je dire encore ?
Il s'en voit en grand nombre, et de Martin de Vos,
De Bloëmar[318] d'Hemskerc[319], qui fit tant de tra-
[vaux,
Des Vvirix[320], de Stradan, de Galle et Francque-
[Flore.

XIII

Quant à ceux de Lucas[321] et d'Albert[322] admirable
Ils sont passez d'ici dans la maison du roy ;
Quelque peu d'exceptez, pour un si grand emploi,
Parmi ceux de Valcour, esprit si raisonnable.

XIV

Là des vieux Alemans, Georges Pens[323], Alde Gra-
Sebald Been[325], Hisbins[326], Virgilius Solis,   [ve[324],
Se trouvent avec soin, de maints lieux recueillis ;
Et, si la chose est vraye, on les doit au Burgrave.

XV

Crayons de quelques Italiens.

Voicy ceux d'Italie où l'on met son estime :
De Raphael d'Urbin, de François Parmesan,
De François, de Léandre et de Jacques Bassan ;
Du grand Jules Romain, de qui l'air est sublime,

XVI

On y peut voir aussi des traits de Michel-Ange
Et de ceux de Boulogne, abbé de S. Martin[327],
De maistre Nicolo[328], du Neapolitain[329],
De maistre Roux encor, si l'on ne prend le change;

XVII

De deux Salviati, du Fetti, de l'Albane,
De Prospère Bronzin[330], du savant Titien,
De Schiavone, et Carrache, et Mole, et Mucien[331],
De Jules Bonazone, en matière profane;

XVIII

De l'un et l'autre Zucchre[332] et de Perrin del Va-
Du fameux Tintoret, de Giuseppe Porta,   [gue,
De Lorenzo Lotto, de Giovan Maganza,
De Giorgion de Castel[333], qui jamais n'extravague.

XIX

Nous en avons aussi du Palme et de Couronne,
De Pordenone encor, si célèbre partout;
Des antiques Belins, qui sont toujours debout;
De Tinelli[334], Malombre[335], et du sçavant Bor-
        [done;

XX

De François Vanius[336], de Frédéric Barroche,
D'Adrian Veronèse et du Padoino[337],
Et de Paul de Verone[338] et de Casolino[339],
De Maëstro Livio, qui n'a point de reproche.

XXI

On y peut faire estat des desseins de Tempeste
De Giustavillari, de Francesco Chiaro,
De Chetone[310], Vasare[311] et de Passignano[312],
De Guerchin, de Castel[313], de Sartre[314] et Pie-
[tre Teste.

XXII

Là mesme pourroit-on oublier Polidore,
Dominicain, Corrége et l'heureux Vicino[315];
Sinibalde Scorza[316], Franc et Bernardino[317],
Farinat, Porcacin[318], Salimbene[319] et Del-More[320] ?

XXIII

Benedette Montagne et le simple Cangiage,
Bastiano Piombino[321], Francesco Guerriti,
Ciamberland[322], Pomerange[323] et François, Bosco-
Valesio, d'Ancone, et Bramante au passage ? [li[324];

XXIV

De tous ceux-là chez nous on peut voir des modèles;
L'on en voit beaucoup plus chez le libre Iabac,
Enrichi du païs d'où nous vient le tabac,
Comme pour ses desseins tous ses soins sont fi-
[delles.

Plusieurs maistres qui ne sont pas tant connus par leurs noms que par les chiffres ou par les figures dont ils ont marqué leurs estampes.

I

[maistres

O N ne dit pas les noms de grand nombre de
Qui d'entre les premiers ont beaucoup
[travaillé ;
Leur ouvrage, pourtant, au burin bien
Ne sera pas jetté dehors par les fenestres.   [taillé,

II

On ne les connoist donc que par certaines marques
Qui les font distinguer : tantost par un oiseau,
Tantost par un palmier, tantost par un roseau,
Et quelquefois aussi par le fuseau des Parques.

III

On voit un chandelier, une chandelle étainte,
Un pot empli de fleurs, ou deux bourdons croisez ;
Quelquefois une paele, ou des chevrons brisez ;
Quelquefois un cordon pour une forte étrainte.

IV

On nomme ce graveur le maistre au caducée,
Celuy-ci du miroir ou du nom de Jésus ;
Cet autre a deux battoirs, façonnez par dessus ;
Un cube est au troisième, où sa place est tracée.

V

Un trait entrecoupé s'abaisse sur un livre ;
Avec l'écu de Saxe un autre a le dragon ;
L'*S* entrecoupe un *H* ou lie un martagon,
Ou le presse si fort qu'il l'empesche de suivre.

VI

Quelqu'un s'est désigné par une souricière,
Un autre par un glaive ou fleur de nénufar,
Un autre par un monde, un autre par un char,
Ou d'une chausse-trappe il marque sa manière.

VII

Par deux palmes quelqu'un se fait assez connestre;
Pour l'autre, une écrevice exprime assez son nom;
Le saultereau d'un autre accomplit le renom,
Et le pilier fleuri désigne un autre maistre.

VIII

Dans une gaisne à l'un on enfonce une dague ;
Un lasset à quelqu'autre attache une *L* au *P*;
A quelqu'autre une croix se plante sur un *T*;
Celuy-ci porte un anchre et cet autre une bague.

IX

On voit une araignée à quelqu'un sur sa toile ;
Un navire est l'enseigne à ce maistre graveur ;
Un autre sous une *H* entrecoupe un gros cœur ;
Huict pièces seulement sont du maistre à l'estoile.

X

Pour un autre, deux *VV* sont entre l'*M* et l'*N*;
Un compas grand ici s'ouvre sur un mortier;
Une chandelle ailleurs luit dans son chandelier;
Une *S* en cet endroit se tranche sur une *M*.

XI

Une espèce de trait, là, transperce un triangle;
L'*S* et l'*R* débout sont là sur un boisseau;
Ici l'on voit un vase entre un double rameau;
Ailleurs c'est une lance, autre part une sangle.

XII

Un autre vase encore, ou plutost une aiguère,
Pour un maistre se montre entre l'*L* et le *K*;
La gaisne d'un couteau dans un *G* coupe un *A*,
Et la paele est marquée ailleurs d'un caractère.

XIII

On se peut étonner de tant de différence :
Na dat en quelque endroit c'est *Natalis datus* ;
Vultis mihi dare? fait cet autre confus,
Ou veut-il par ces mots se tenir en silence ?

XIV

On voit un épagneul, on voit une navette,
Une croix renversée, une barre, un crampon,
Un bassin de tripière, un bachot, un brandon,
Une fourche, un hanap, un croc, une pincette.

XV

Deux cents chiffres ainsi marquent sous les figures
Les noms d'Albert Durer, de Lucas[353] et d'Holbeins,
D'Alde Grave, de Pents, de Bressanck[354] et d'His-
[bins,
De Christofle Amberger, sous de justes mesures;

XVI

De Corneille Matsis, de Stymer[357] de Schafuse,
De Hans Burguemaïr,[358] et de Lucas Cassel[359],
D'Hispanien Pean[360], de Schom, de Criegel[361],
De Martin le Thudesque[362] où chaque esprit s'a-
[muse;

XVII

De Jost Aman, de Bon, d'Andrea de Mantoue[363],
D'Adam[364] du mesme lieu, de Lucas Met, de Craen,
De Sebon de Colmar[365], de Vanmeck[366], de Béen,
De Virgile Solis, qui si souvent se joue.

XVIII

Comme eux marquoit son nom Nicolas Beatrice,
Silvestre de Ravenne et Marc Antoine encor,
De qui l'œuvre admirable est un riche trésor;
Augustin et Bambin[367], non pas sans artifice.

XIX

[hême[370]
Martin Zinck[361], Matthieu Grom[369], Sebalde de Bo-
Antoine de Vvormace[371] avec Hans Vvictelin,
Graff de Basle[372] et Cockson[373], Grebber[374] et
[Gamperlin[375],
Montagne et Campagnole, en ont usé de mesme.

XX

Guereverdin [316] aussi ; mais pourroit-on tout dire,
Et qui n'auroit point peur de Jean Kentarlaer [317],
D'Eginoff [318] et de Crac [319], et de Hans Brosamer,
Des Hopfer, de Pincquie [380], assez d'humeur de
[rire ?

Toutes les choses imaginables qui peuvent estre regar-
dées comme les véritables objets de la peinture.

I
[chose

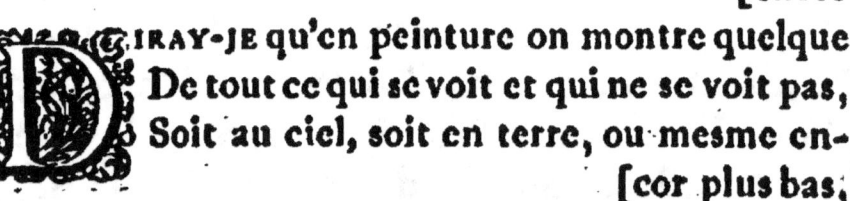IRAY-JE qu'en peinture on montre quelque
De tout ce qui se voit et qui ne se voit pas,
Soit au ciel, soit en terre, ou mesme en-
[cor plus bas,
Des esprits et des corps, comme on se le propose ?

II

On a representé jusques aux minuties
De toute la nature et de ce que les sens
Peuvent appréhender, jusques aux corps absents,
Soit d'objets sérieux ou bien de facéties.

III

On a mesme exprimé par diverses figures
L'esprit et la raison, pour aller aussi loin
Que la philosophie et l'idée, au besoin,
Des poëtes menteurs dans toutes leurs mesures.

IV

D'ailleurs cecy comprend les secrets de l'histoire,
Il comprend tout le monde, et n'en excepte rien,
Et chaque nation y découvre le sien,
Et la vanité mesme y rencontre sa gloire.

V

On y voit nettement toute l'architecture,
Les villes, leurs remparts et leurs forts bastions ;
On y voit des soldats les grandes légions
Et des plus beaux palais la royale structure ;

VI

Les pilastres portez sur leurs bases solides,
Des colomnes le fust avec ses chapiteaux,
Les bas reliefs restez que nous tenons si beaux,
Les obélisques droits et quelques pyramides.

VII

Là se meslent encore les niches, les statues,
L'architrave et la frise avec les ornements, [ments,
Les somptueux plat-fonds dans les beaux basti-
Des éguilles qu'on voit s'eslever dans les nues.

VIII

On y voit des vaisseaux, des vases, des fontaines,
Des jardins enrichis de diverses couleurs,
Des parterres formez de verdure et de fleurs,
Des fleuves, des forêts, des montagnes, des plaines.

IX

Ce que les villes font aux roys dans leurs entrées,
Ce qu'une cavalcate a de plus somptueux,
Y montre également son éclat fastueux,
Dans les gousts différents de toutes les contrées.

X

Là, des princes on voit les chapelles funèbres,
Leur pompe funérale, avec leur vanité,
Qui n'a pu se sauver de la mortalité,
Nous apprenant par là leurs fadaises célèbres.

XI

Tant d'habits superflus, d'officiers inutiles,
Ne servent plus de rien pour eux en cet estat ;
Mais ils font grand plaisir au nouveau potentat,
Qui, feignant de pleurer, trompe les gens faciles.

XII

On voit en mesme lieu les hautes catafalques
Les tombeaux enrichis d'ornemens glorieux,
Qui s'élèvent au ciel pour éblouir les yeux,
Tandis que vers le bas soupirent des Menalques.

XIII

Les estampes encor donnent les armoiries,
Les emblèmes formez par tant d'invention,
Les devises aux grands dans leur intention,
Leurs plaisirs recherchez pour les galanteries.

XIV.

Les cartouches y sont en diverses manières,
Comme les écussons ornez de la toison,
Pour porter les desseins d'une grande maison,
Qui veut plus de splendeur que de pures lumières.

XV

Les médailles y sont, les monumens antiques
Et tous ces bas reliefs des marbres et métaux
Tirez des vieux palais et des arcs triomphaux,
Des tombeaux renversez, ou superbes portiques.

XVI

Par là du corps humain on voit l'anatomie,
Dont l'on a dessiné chaque membre si bien,
Qu'on y reconnoist tout, où l'on ne connoist rien ;
L'on y voit les secrets aussi de la chimie.

XVII

Rien est-il de plus beau que, pour André Vesale,
Les figures qui sont dans son livre admiré[351] ?
En cela tout est juste et si considéré,
Que de tout ce qu'on voit ailleurs rien ne l'égale.

XVIII

Les habits on y voit de toutes les provinces,
De chaque nation, dans leur diversité,
Qui des hommes apprend la contrariété
Et montre la splendeur et la pompe des princes.

XIX

N'y voit-on pas aussi dés mers et de la terre
Les divers animaux, qui se détruisent tous,
Si les foibles des forts n'évitent le courroux,
Se combattant sans cesse et se faisant la guerre ?

XX

Les poissons, les oiseaux, les reptiles, les bestes,
Sont présents à nos yeux dans ces livres divers,
Où l'on voit les cirons, les mouches et les vers
Animez bien souvent par les rudes tempestes.

XXI

On y voit les travaux des célestes abeilles,
Le soin laborieux des petites fourmis,
Les moucherons piquants, les papillons amis,
Ces vers qui pour la soie ourdissent leurs merveilles

XXII

C'est aussi là qu'on voit toutes sortes de plantes
D'une diversité qu'on ne peut exprimer ;
On y voit le corail jusqu'au fond de la mer,
Les petits arbrisseaux et les nouvelles antes.

XXIII

Des arbres si nombreux on y voit les figures,
Tous les simples qui sont produits en divers lieux
Pour satisfaire aux soins des esprits curieux,
Dont aussi l'on a fait dix mille portraitures.

XXIV

On n'a pas oublié les divines images
Dans la crédulité des peuples innocents,
Qui veulent le miracle à charmer tous les sens ;
Les madones aussi leur sont de grands usages.

XXV

Les thèses qu'on y voit y sont considérables,
Pour montrer quel dessein l'on a le plus souvent
De flatter de bonne heure, en prenant le devant,
Les seigneurs que l'on veut avoir pour favorables

XXVI

J'en ai vu d'Italie et d'ailleurs un grand nombre.
Je ne mentirois pas disant plus de six cents,
Sans celles des blasons, d'un dessein innocent,
Offusquant les esprits d'une lumière sombre.

XXVII

L'invention des arts se trouve dans l'estampe,
Chaque métier s'y trouve en sa perfection,
Qui tandis luy tient lieu de sa protection,
Si, pour un tel sujet, l'on ne veut qu'elle rampe.

XXVIII

Car la protection veut une autre mesure,
Il suffit d'y trouver beaucoup d'instruction,
Et, pour cela, d'y mettre un peu d'affection,
Ce que l'on peut attendre aussi de la figure.

XXIX

C'est de là mesme aussi que les nochers y trouvent
De bons enseignements qui leur pourroient aider,
Et la milice aussi peut s'en accommoder,　　[vent.
Pour les desseins guerriers que les vaillants approu-

XXX

Par là mesme on s'instruit à faire l'exercice,
On apprend à combattre et marcher fièrement
A former une attaque et vaincre seurement,
Si l'on joint au grand cœur la ruse et l'artifice.

XXXI

On y porte en maints lieux les enseignes guerrières,
Des javelots romains et les grands étendarts,
Les phalanges des Grecs y sont au gré de Mars,
Mais plus que tout cela nos troupes sont altières.

XXXII

On y voit traverser les fleuves à la nage,
On y jette des ponts pour porter les chevaux,
Les machines de guerre et tous les grands travaux,
Les régiments nombreux et tout leur équipage.

XXXIII

Pour la paix on y voit des arcs, des galeries,
Des cascates, des eaux de toutes les façons,
Des promenoirs perdus, des déserts, des moissons,
Des rochers et des monts et des plaines fleuries.

XXXIV

Par là mesme on peut voir tout ce que dans l'op-
Se peut offrir aux yeux dans sa diversité,   [tique
La juste perspective en son activité,
Et tous les beaux effets de la mathématique.

XXXV

On y voit les desseins des fines broderies,
Tous ceux des serruriers pour tant d'inventions
Qui pourroient égaler les douces fictions
Qui sont également dans les orfévreries.

XXXVI

Combien de livres faits pour la menuiserie,
Dépeignant les buffets, les tables et les lits,
Les plats-fons figurez pour les palais des lis,
Pour qui l'on fait aussi mainte tapisserie!

XXXVII

Quelle diversité pour les belles étoffes,
Sur tant de points coupez de diverses façons,
Où le peuple occupé prend beaucoup de leçons,
Dont se passent si bien les sages philosophes!

XXXVIII

Il n'en est pas ainsi des livres d'écriture,
Propres à tant de monde, et dont l'invention
Favorise le soin de toute nation,
Afin qu'à chaque lettre on garde sa figure.

XXXIX

Vous aurez part icy, cartes géographiques,
Vous y devez tenir un honorable rang,
Puisqu'en petit le monde y voit comme il est grand,
Et que toutes ses mers s'y tiennent pacifiques.

XL

Tous les jeux de hazard y font voir leur fortune ;
Les autres jeux d'esprit s'y rencontrent aussi,
Comme les jeux d'addresse, en un champ racourci,
Où rien, pour leur longueur, ne choque ou n'im-
[portune.

XLI

On y voit les balets, les belles comédies,
Les théastres charmants, les tournois les combats,
Les triomphes d'éclat, qui flattent les soldats,
Et, d'un autre costé, les grandes tragédies.

XLII

On y rencontre aussi les plaisirs de la chasse,
De toutes les façons qu'on peut s'imaginer,
Soit après le repas ou soit avant disner,
Sans découpler des chiens l'impétueuse audace.

XLIII

Des animaux rusez l'on y voit l'artifice,
Par là mesme on s'instruit à voler les oiseaux ;
On y cherche au besoin les poissons dans les eaux,
Et des renards si fins on trompe la malice.

XLIV

Là des fiers animaux on dompte la colère,
On dompte la fureur des lions et des ours,
Des tigres inhumains on arreste le cours,
Et l'on y voit percer le flanc d'une panthère.

XLV

Les cerfs les plus légers sont forcez par la chasse,
Les chevreuils on y pousse avec moins de vigueur,
Les lièvres et des dains on fait croistre la peur,
Courans et recourans dans un bien moindre espace.

XLVI

On y met en son jour toute l'agriculture ;
On y plante la vigne, on sème les guérets ;
On y fait la moisson des présens de Cerès ;
Et le fécond essaim dans sa ruche murmure.

XLVII

N'y voit-on pas régler tous les tons de musique
On y fait presqu'ouïr les accents doux et forts.
De là tant d'instruments y peignent leurs accords.
L'on en connoist l'usage et l'aimable pratique.

XLVIII

N'y fait-on pas aussi les rezevils, les dentelles,
La guipure nouvelle, ainsi que je l'ay dit ?
Les étoffes de prix y trouvent leur crédit,
Et là, manqueroit-on d'apprendre cent nouvelles ?

XLIX

Là mesme on peut donc voir mille plaisanteries,
La mascarade brusque avecque le balet,
La courte et longue paulme, et le jeu du palet,
Et la palestre antique, et les bouffonneries.

L

Ce qui touche en maints lieux les fables et l'histoire
Est d'ailleurs si nombreux qu'il est presque infini,
Et ne serviroit pas s'il n'estoit réuni,
Afin d'en conserver quelque utile mémoire.

LI

C'est donc ce qui s'est fait d'un ordre méthodique,
Aidé par les portraits des hommes vertueux,
Dont le visage peint se conserve avec eux ;
Ouvrage gracieux dans un temps pacifique.

FIN

Le nombre des vers contenus dans cette partie est de 1356

J'ay grand sujet de craindre que tant de noms, les uns bizarres et les autres assez peu connus, lesquels sont employez dans toute l'étendue de cette partie des peintres et des graveurs, ne plairont pas extrêmement à tout le monde, s'il se rencontre quelqu'un qui les lise : car les vers ne sont pas aimez de tous ceux qui veulent bien que l'on croye qu'ils sont du nombre des beaux esprits ; et ceux qui sont les plus capables d'en juger ne sont pas aussi toujours d'humeur d'approuver tout ce que j'écris, en quelque genre que ce soit. Et c'est de là que quelques uns n'ont pas fait de scrupule de blasmer ces deux vers de ma version des cantiques[1] :

Qu'il me baise toujours des baisers de sa bouche :
Tous mes sens sont charmez au moment qu'il me touche.

Au sujet du second, parce, disent-ils, que le sens de ses

---

1. On ne doit pas s'étonner, quand on connaît quelques livres de l'abbé de Marolles, des explications qu'il donne ici sur des ouvrages qui n'ont aucun rapport avec l'histoire de l'art. Le *Livre des peintres et graveurs* se trouvait réuni aux différentes œuvres de cet abbé, et il n'a pas même de titre spécial. Il était probablement destiné à ne former qu'un seul volume avec sa *Géographie sacrée*, son *Paris*, etc.

paroles n'est pas naturel, et que la pensée en est tirée par les cheveux. Sans mentir, il faut estre bien délicat pour s'en expliquer ainsi, et ceux-là ne sont guère accoutumez au stile des Hébreux, ou des plus éloquents autheurs des livres sacrez de l'Ancien Testament, qui, dans la seconde partie de leurs versets, disent presque toujours la mesme chose que ce qu'ils ont dit dans la première, outre que le sens de ce second vers est une raison assez bonne des souhaits de l'Epouse, lesquels sont exprimez par ces paroles : Qu'il me baise, etc.

D'autres ont repris, dans ce mesme ouvrage, ces vers de la 15ᵉ page :

> Vos lèvres, où l'on voit que la rougeur éclate,
> Font une bandelette, à nos yeux d'écarlate,

par ce, disent-ils, que des yeux d'écarlate ne sont pas une fort belle chose, comme si cette couleur se devoit entendre des yeux, et non pas de la bandelette. Cela s'appelle disputer de tout, ou ne s'y entendre pas trop finement.

Il faut corriger dans la partie des Abbez, en sa page 33, dans la seconde épigramme, en parlant des Bénédictins de la congrégation de S. Maur :

> Le premier s'appela dom Martin Terrière,

Car il se nommoit Tesnier, et non pas Terrière. Il sera donc mieux de lire ainsi ce vers :

> Le premier, Dom Martin, eut beaucoup de lumière.

Dans l'épigramme cinquième, Benard *au lieu de* Bernard.

Dans le Traité de la géographie sacrée, en la page, épigram. 9, *décrivant la province de* Bourges, *il la faut lire en cette sorte :*

Bourges, grande province, a sous elle Limoges,
Tulle, Clermont, Cahors, Rodais, S.-Flour, Alby,
Castres, fille d'Alby, Vabres, Mande, Le Puy,
Eglises dont chacune oblige à des éloges;

arce que je m'y estois mépris au sujet de Tulle, *que avois marqué au troisième vers au lieu de* Castres ; *uis qu'en effet Tulle est fille de Limoges, et non pas* Alby, *et Castres seule est fille d'Alby.*

Il faut aussi lire, dans la partie des théologiens, page 5, *épigramme* 40, Morot *au lieu de* Morcau, *avec e vers :*

Le vertueux Morot, etc.

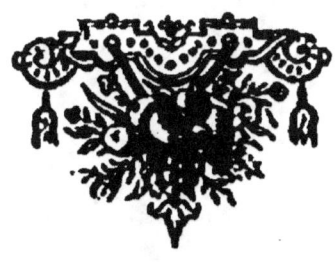

APPENDICE

QVELQVES PEINTRES SCVLPTEVRS[1]

et Ingenieurs logez dans les Galeries du Louvre.

I

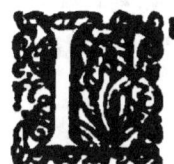 Le Louvre a fait honneur pour la mathéma-
[tique
Au sçavant Aleaume[...], à Guillaume
[Perrier,
A son germain Antoine[...], à Frau dit le Guerrier,
Aux deux Volants, qui font l'horéloge pratique.

II

Abraham de la Garde excelle en mesme chose ;
Martineau se signale en ce noble métier ;
Picot, faiseur de sphères, y fait le monde entier ;
Bedaut[...], Rolin, Septale en découvrent la cause.

---

1. Les vers qui vont suivre ne font point partie du *Livre des peintres et graveurs ;* ils ont été extraits par nous de *Paris ou la description succincte et néanmoins assez ample de cette grande ville et de Le Roy. les personnes de la cour qui sont de la première qualité,* afin de réunir dans ce volume tout ce que l'abbé de Marolles a écrit en vers sur les arts et sur les artistes.

III

Orfévres.

Quant à l'orfévrerie, on y nomme la Barre,
L'un et l'autre Courtois, les Baslins et Roussel ;
Vincent Petit ³⁴¹ orfèvre, et Linse et Jean Vangrel,
Julien de Fonteine, en ses joyaux si rare.

IV

Là dans la cizeleure excella Debonnaire ;
On y vit exceller le sçavant Montarsi,
Jean Grenet, approuvé depuis par Marc Bimbi,
En quoy Thomas Merlin[342] ne fut jamais contraire.

V

Menuisiers,

De sçavans menuisiers Boule[343] y tourne en ovale,
Laurent Stabre est habile, et Jean Massé[344] de Blois,
Et Claude, Isac et Luc, ses enfans, font en bois
Tout ce qui s'y peut faire en son juste intervalle.

VI

Les Couteliers, Arquebuziers et Dammasquineurs.

Entre les couteliers, les Marbreaux, deux frères,
L'un et l'autre Verrier, l'un et l'autre Petit[345] ;
Jumeau l'arquebuzier, dont pas un n'a médit,
Juste et léger, qui plaist par ses doux caractères.

VII

Les Tapissiers, Brodeurs et autres Ingénieurs.

Un Maurisse Burot fut en tapisserie
Admirable ouvrier; ainsi les deux Laurents,
Les du Pont[390], renommez, honorent leurs parents,
Quand les Burets aussi montrent leur industrie.

VIII

Là Nicolas le Febvre et Nicolas la Fage[391];
Larmino[392], grand brodeur, le fut aussi du roy;
Torelle, ingénieur, y marqua son employ;
Aux balets Vigarane[393] y trouva son usage.

IX

Les Peintres dans les galeries.

Des bons peintres logez dans l'enceinte du Louvre,
Jacob Bunel, Picou[394], Bernier, Jacques Stella;
Les enfants de sa sœur, vertueux en cela,
Du Moutier père et fils ou Boladone s'ouvre;

X

Simon Vouet, Nocret, Bourgeois, Erard, Bour-
[sone[395],
Mellan, Bimbis, Gesse[396], Dorigni, des Martins[397],
Du Pré[398] le bon sculpteur, et les deux Sarrasins;
L'Asne[399] avec Sejourné[400], pour décorer le trosne.

———————

CEVX QVI FONT FLORIR LES BEAVX-ARTS

Dans l'hostel des manufactures royales aux Gobelins,
sous la direction de Monsieur Le Brun, premier pein-
tre du Roy, selon les mémoires qu'en a baillez Mon-
sieur Rousselet, le 7 jour de may 1677.

I

[tures,
L'HOSTEL des Gobelins, pour les manufac-
Est conduit par les soins de ce peintre fa-
[meux,
Le Brun, dont tous les traits du pinceau
[sont heureux,
Et qui prescrit la loy dans les belles peintures.

II

Pour tous ses grands talents le roy l'affectionne.
De ce lieu merveilleux il est le conducteur,
Il en est l'économe et le seul directeur,
Digne d'estre chéri de l'auguste couronne.

III

Ne voit-il pas sous luy la main de Vandermeule,
Ce peintre si sçavant qui fait voler les darts,
Serrer les escadrons sous les grands étendarts,
Et qui presse les bleds par le fer et la meule ?

IV

Il dépeint les combats et les prises des villes.
Bruxelles l'a fait naistre, admirant ses travaux,
Et craint en mesme temps de luy voir des rivaux;
Elle en est étonnée, entre tous ses asiles.

V

Là, se voit de Moulins, le jeune peintre Sève, [101]
Qui le porte si loin avecque le pinceau,
Secondant de Gilbert, son frère, le cerveau,
D'une manière artiste et qui souvent enlève.

VI

Ouasse [102], de Paris, est un grand peintre encore,
Qui pour les grands desseins se doit faire admirer,
Sans que dans sa jeunesse on puisse désirer
Chose aucune au sujet de ce qui se colore.

VII

Yvart [103] est jeune aussi ; la ville de Boulongne
Aura de sa peinture un aussi grand honneur
Que pour luy-mesme un jour il croistra son bon-
Tandis que de son art l'ignorance s'éloigne. [heur,

VIII

Que Henri Tetelin est un bon peintre encore,
Aussi bien que Verdier, tous les deux de Paris !
Bonnemer de Falaize y vaut aussi son prix.
Par de si bons pinceaux la peinture s'honore.

IX

Anguier a de son nóm beaucoup de connoissance,
Dans son architecture il donne un agrément
Qui porte à son ouvrage un parfait ornement ;
De Melun, qui le suit, tempère sa science.

X

Les graveurs sont ceux-cy de qui la renommée
Ne dit rien au-dessus de ce qui leur est dû :
L'œuvre de Rousselet est partout entendu,
Et l'unique au burin d'une force estimée.

XI

Ce Rousselet, si sage, a d'une vertueuse
Une fille et six fils, l'aîné religieux,
Les autres, comme luy qui sont ingénieux,
Ont une discipline à profiter heureuse.

XII

Audran, Le Clerc de Metz, travaillent à l'eau-forte,
Leur poinçon est exquis, l'on en fait de l'estat,
Le Brun mesme leur donne aussi de son éclat,
Et dans ses beaux desseins chacun d'eux se com-
[porte.

XIII

Le Fèvre, tapissier, excelle en haute lice ;
Jean Jans excelle aussi dans un pareil employ,
Suivant les grands desseins qu'on a faits pour le
Tout le monde admirant un si grand artifice. [roy,

XIV

Quant à la basse lice, où la règle est plus seure,
Deux artistes flamants, de La Croix et Mozin,
Qui seuls pourroient fournir un royal magazin,
N'y mettroient pas un fil sans sa juste mesure.

XV

Jean-Baptiste Tubi[101], Cosuan[103], pour la sculpture,
De Rome et de Lyon, excellent en cet art ;
Les portraits du dernier ne sont point du hazard,
En son œuvre égalant la plus docte peinture.

XVI

De Vilers et ses fils sont dans l'orfévrerie
Des hommes achevez ; Alexis Loir, comme eux,
De Paris, tous les quatre ont des desseins heureux
Meslant à ce qu'ils font une rare industrie.

XVII

Horace et Ferdinand, deux frères de Florence,
Lapidaires tous deux, nommez Megliorini,
Et leur compatriot, l'ingénieux Branchi,
Pour pièces de rapport sont merveilleux en France.

XVIII

Pour la sculpture en bois là sont venus de Rome,
D'entre les bons sculpteurs, Philippe Cassicri[104],
Et du mesme païs Dominique Cassi ;
Que partout en leur art justement on renomme.

XIX

Prou[101], menuisier du Roy, doit y tenir sa place
Que la sienne y conserve aussi Bellan[102], brodeur,
Et la sienne Fayette, autre excellent La Fleur.
On ne dira jamais que ce soit par audace.

LXXX [1]

Architectes.

Jacques Franquart[103], Bourdin, sont pour l'archi-
[tecture
On ne se défend point d'y comprendre Mansar ;
Et, pour les bastimens, l'architecte Ponsar,
Savot, et Le Muet, si juste en sa structure.

LXXXIII

Isac et Salomon de Caux font des machines
Pour enlever les eaux et les font rejaillir ;
De Ville fortifie avant que d'affaiblir ;
Claude de Chastillon répare les ruines.

LXXXIV

On donne à Jean Le Cœur les familles de Rome
La perspective est due à Du Breuil et Bachet[104]
Briot a la monnoye et La Pierre la fait ;
La médaille en de Bie a fait un honneste homme

---

1. Ces quatre derniers quatrains sont extraits de l'ouvrage
que nous avons cité plus haut, intitulé *Le roy, les personnes de
la cour*, etc. Ils se trouvent dans ce volume parmi les *Gens de
lettres*, à la page 48.

LXXXVI

Serruriers.

De l'art de serrurier et de l'orfévrerie
Mathurin Jousse estoit écrivain autrefois;
Jean Toulin"', grand orfévre, au canton de Dunois
A fait la mesme chose, honorant sa patrie.

FIN

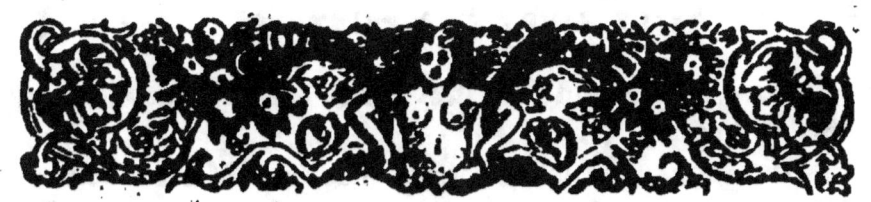

NOTES

LIVRE DES PEINTRES ET GRAVEVRS

1. Louis Odespun de la Mechinière, né à Chinon, ancien agent du clergé de France et doyen de Chinon, a son portrait gravé au burin dans la suite publiée par Balthazar Moncornet. On connaît de lui : « Concilia novissima Galliæ a tempore Concilii tridentini celebrata in editionibus regia Parisiensi et Coloniensibus omissa quæ nunc in unum prodeunt, additis eorum actis quam pluribus ex M. M. S. C. Cod. opera et studio Ludovici Odespun, presbyteri Turonensis. » Paris, 1646, in-fol. Quant aux ouvrages relatifs aux ordres de chevalerie et aux discours touchant les recueils d'estampes qu'il avait rassemblés, livres que cite l'abbé de Marolles dans ses *Mémoires*, nous n'avons pu les rencontrer et nous le regrettons d'autant plus que, dans les *Discours*, nous eussions certainement trouvé quelquet renseignements intéressants pour l'histoire de l'art.

2. Ne serait-ce pas Jacques Kerver, imprimeur, rue Saint-Jacques, à la *Licorne*, que veut ici désigner l'abbé de Marolles ? Le goût qui distingue les ouvrages sortis des presses de cet

imprimeur au milieu du xvi° siècle, nous semble autoriser une semblable supposition.

3. Dieudonné-Charles Delorme, médecin. Mariette dit, en parlant du portrait de ce personnage gravé par Jacques Callot en 1630 : « Cette estampe est dédiée à M. Delorme par Jacques Callot. C'étoit un des plus grands curieux d'estampes de son temps, surtout de celles de Callot. Apparemment qu'il étoit à la suite de Gaston, duc d'Orléans, dont il estoit le premier médecin, qui, dans cette année, estoit, ce semble, à Nancy. »

4. Claude Maugis, abbé de Saint-Ambroise, aumônier de la reine Marie de Médicis, eut son portrait gravé par Lucas Vorsterman. Il possédait non-seulement des estampes et des dessins qui passèrent chez Delorme et de là chez l'abbé de Marolles; il avait également des tableaux et nous en avons la preuve dans l'*Histoire de France* de Mezeray (Paris, 1643, 3 vol. in-fol.). En effet les portraits de *Charles*, fils de Jean, roy de France, premier Dauphin; de *Charles V*, roy de France, et de *Charles II*, Dauphin de France, contiennent ces mentions : *Du cabinet de mons* l'abbé de St-Ambroise; tiré du cabinet de mess° Claude Maugis, cons° du Rey et de la Reine mère et son aumosnier, abbé de St-Ambroise ; du cabinet de Mons* l'abbé de St-Ambroise.*

5. Ce Bretonvilliers doit être Alexandre Le Ragois de Bretonvilliers, prêtre, successeur au séminaire de Saint-Sulpice de Jean-Jacques Olier, mort le 13 juin 1676, âgé de 56 ans. Son portrait, peint par Montagne, est gravé par L. Barbery.

6. Petau, conseiller au parlement, était fils de Paul Petau dont on grava le Cabinet à Paris en 1610 et que l'on publia sans titre; une seconde édition imprimée à Amsterdam en 1757 est intitulée : « Explication de plusieurs antiquités recueillies par Paul Petau, conseiller au Parlement de Paris. » Marolles nous apprend, dans ses *Mémoires* (tome III, p. 337), que Petau avait réuni quelques portraits en taille-douce.

7. Louis Tronson dont le portrait a été gravé deux fois par

Claude Duflos d'après N. Guerry. Au bas du plus grand de ces portraits on lit : Ludovicus Tronson presbyter, tertius seminarii Sancti Sulpitii superior. Vir in nobili gravitate simplex et facilis, in rerum varietate semper sibi constans, in pietate insigni minime singularis, doctus sine fastu, sine astutia prudens ; sine disciplinae remissione mansuetus, quam typis feliciter edidit formam cleri factis felicius expressit. Obiit 26 februarii anno Domini 1700, ætatis 79.

8. « M. de Montmor, rue Saint-Avoye, tableaux, livres, etc. » (Noms des curieux de Paris par Spon.)

9. La Noue possédait des estampes et des dessins à la main par les plus excellents peintres. Il était mort en 1656, époque à laquelle fut publiée la première édition des *Mémoires* de l'abbé de Marolles.

10. Evrard Jabach était un riche banquier, originaire de Cologne, qui avait réuni une des plus belles collections d'objets d'art, tableaux et dessins, qui aient jamais existé. Il habitait à Paris un hôtel qu'il s'était fait construire rue Saint-Méderic et dans lequel étaient accumulées ses collections. Le 29 mars 1671 une grande partie des peintures et dessins réunis par Jabach passèrent dans la collection royale ; 101 tableaux et 5,542 dessins furent acquis par les ordres de Colbert pour la somme de deux cent mille livres. Le portrait de Jabach, au milieu de toute sa famille, peint par Charles Lebrun, se trouve aujourd'hui au musée de Berlin ; une planche dessinée et gravée par Michel Lasne en 1652, nous fournit un bon portrait de ce collectionneur célèbre.

11. Roger de Gaignières.

12. Il s'agit ici de Cherubino Alberti, graveur italien mort à Rome le 8 octobre 1615, âgé de 63 ans, qui a reproduit plusieurs compositions de Michel-Ange avec une exagération qui convient peu aux ouvrages originaux.

13. Germain Brice (Description de Paris. Édition de 1725. T. 2, pp. 510-511) parle de la collection de cet amateur en ces termes : « On y (à la bibliothèque de Sainte-Geneviève) verra

quantité d'estampes dont une partie vient d'un nommé Accart qui, en mourant, laissa tout ce qu'il avait amassé pendant plusieurs années à Saint-Germain-des-Prez, à Saint-Victor et à Sainte-Geneviève; mais depuis, cette collection a été fort augmentée de quantité de pièces rares. »

14. La liste des marchands d'estampes transcrite ici par l'abbé de Marolles est assez complète et, par hasard, l'orthographe des noms est à peu près observée. Le nom de Ciartres qui commence désigne François Langlois dit Ciartres ou de Chartres. Quant à ce *Langlois le fils* qui apparaît ici, il nous est absolument inconnu.

15. Niccolò dell' Abbate, né à Modène vers 1512, mort en France vers 1571.

15 a. Il est fait probablement allusion ici au grand nombre de pièces gravées par Gilles Rousselet d'après Cl. Vignon. Le style embarrassé de Marolles pourroit également signifier que Rousselet avoit gravé un portrait de Vignon; mais nous croyons notre première hypothèse plus vraisemblable.

16. Cette qualification d'Orléanais donnée à Étienne Delaune par l'abbé de Marolles peut être regardée comme le plus ancien argument en faveur de l'opinion qui assigne Orléans comme lieu de naissance à cet artiste. La croix du Maine (Premier volume de sa bibliothèque, Paris, 1784 p 76), qui écrivait en 1584, n'est pas du même avis et dit positivement que Delaune naquit à Paris et mourut dans la même ville le jour de la Pentecôte de l'année 1583 à l'âge de 67 ans.

16 a. Ce Florentin dont il est ici parlé n'est autre que Domenico del Barbiere Fiorentino, élève de Rosso, graveur assez habile qui travailla à Fontainebleau, sous le nom de Dominique Florentin, de 1540 à 1570.

17. Edouard Ecman, graveur sur bois, né à Malines, selon les uns en 1610, selon les autres en 1638, travailla à Paris. Il grava plusieurs estampes d'après Callot et entre autres la suite des gueux en 25 pièces qui constitue la meilleure partie de son œuvre.

18. Louis Businck, graveur sur bois, né en Allemagne vers 1590, travailla longtemps à Paris.

19. Il est évidemment question ici de Henri de Gissey, auquel M. A. de Montaiglon a consacré une notice sous ce titre : *Henri de Gissey, dessinateur ordinaire des plaisirs et des ballets du Roi* (1608-1673). Paris, août 1854, in-8. (Extr. du journal *Le Théâtre.*)

20. C'est Georges Lallemand, peintre et graveur à l'eau-forte, né, selon Malpé, à Osnabruck en 1641. On voit ici que l'abbé de Marolles le fait naître en Lorraine ; cette opinion est la plus probable.

20 a. L'abbé de Marolles semble oublier que Molière venait de publier *la Gloire du val de Grâce*. Nous ne connoissons pas beaucoup de tableaux italiens qui aient eu l'honneur d'être célébrés par un tel poète.

21. Nicolas Bollery a signé comme peintre trois curieuses estampes historiques que Jean Leclerc a publiées : *L'entrée de Henri IV à Paris le 22 mars 1594, Le Roi allant à Notre-Dame rendre des actions de grâces solennelles à Dieu, Henri IV étant à la porte Saint-Denis assiste au départ des troupes espagnoles.*

22. C'est évidemment Nicolas Prévost, dessinateur et graveur fort habile, que l'abbé de Marolles entend désigner ici. Dans son catalogue de 1666, il l'appelle déjà Provost et nous apprend qu'il était de Paris et qu'il avait étudié sous Claude Vignon.

23. C'est Jean Boucher, de Bourges, dessinateur et graveur auquel M. de Chennevières a consacré une notice dans les *Peintres provinciaux de l'ancienne France* (t. II, p. 85-120).

24. Il doit être question ici d'un peintre nommé A. Hérault d'après lequel Hiérosme Bachot grava, sur un dessin de Charles Errard, le portrait du cardinal de Berulle.

25. Allusion à la tête de Christ gravée par Claude Mellan à une seule taille.

26. Jean Ganière, graveur et éditeur qui travailla à Paris vers le milieu du xviie siècle ; il demeurait rue *Saint-Jacques*

Proche la fontaine Saint-Severin, à l'image de Saincte-Caterine.

27. Zani (Encyclopedia metodica delle belle arti, tome II; p. 261) parle d'un Jean Delattre, peintre de sujets familiers, originaire de Hollande, qui florissait à la fin du XVII° siècle. Ne serait-ce pas celui que l'abbé de Marolles entend désigner ici?

28. Luc Laniel vivait à Paris au milieu du XVII° siècle, et tenait boutique *rue Saint-Jean-de-Beauvais, à la Pomme de Pin.* Cette mention se trouve au bas d'un plan de la ville et du siége de Montauban exécuté en 1621.

29. Zani dit (t. VI, p. 327) que l'on trouve des pièces gravées par Guillaume Chateau portant cette mention : *Velut de Castel se.* Serait-ce donc Guillaume Chateau dont il serait ici question?

30. C'est Blondeau-Guignard, graveur sur bois, né en France, qui vivait au milieu du XVII° siècle. Zani, IV, 97.

31. Il s'agit ici de Gilbert Fillœul, dessinateur et graveur français né en 1644, mort en 1711, qui, selon Zani, signa une de ses estampes Filette.

32. F. I. de la Mare-Richart, peintre et graveur né à Bayeux vers 1630, mort à Versailles en 1718.

33. L'abbé de Marolles entend évidemment parler ici de Jean Matheus, graveur et éditeur qui travaillait à Paris au commencement du XVII° siècle.

34. Jean Picquet, graveur français du commencement du XVII° siècle, signa quelques pièces gravées dans le goût de Malleryet de Briot.

35. Florent-le-Comte (cabinet des singularités d'architecture, t. III, 2° partie, p. 43) parle d'un peintre sur verre, J. de la Barre, qui aurait dessiné et gravé d'après Pierre Huyssens le frontispice de l'église des Jésuites à Anvers.

36. François Delaram, dessinateur et graveur français, qui travailla en Angleterre dans la première moitié du XVII° siècle.

37. Remy Vuibert, élève de Simon Vouet, grava à la pointe un certain nombre de planches d'après Raphael et d'après Nicolas Poussin.

38. L'abbé Zani mentionne un artiste du nom de Catreux et y joint la qualification de graveur.

39. M. Robert-Dumesnil a décrit (*le Peintre-graveur français*, tome II, p. 82, tome XI, p. 47 et tome VIII, p. 223) quelques estampes signées d'un ou de plusieurs artistes du nom de Crozier, estampes gravées au milieu du xvii° siècle.

40. Probablement J. Crespy, dessinateur, graveur et éditeur français qui travaillait à Paris au milieu du xvii° siècle.

41. Denizot a signé un portrait du cardinal Duperron peint par Herbin. Il vivait au commencement du xvii° siècle.

42. Il s'agit ici de Louis Van der Bruggen, surnommé Hans, peintre français né en 1615, mort en 1658, d'après lequel Rousselet grava en 1656 le portrait de Henri de Lorraine, duc de Guise.

43. Jean Patigny, dessinateur et graveur au burin qui grava quelques portraits et plusieurs sujets dans le goût de Grégoire Huret.

44. Bernard Lens, graveur en manière noire qui travailla en Angleterre dans la seconde moitié du xvii° siècle.

45. Il faut lire ici, pensons-nous, Tournier, auteur de plusieurs planches d'architecture pour l'édition de *Vitruve* donnée par Perrault et de quelques gravures de vases faites sur les dessins de Charles Errard.

46. [Pierre Woeiriot de Bouzey, graveur de talent auquel M. Robert-Dumesnil (*le Peintre-graveur français*, t. VII, p. 43, et t. XI, p. 324) a consacré un long et important travail.

47. Adam Phelippon, architecte qui travaillait à Paris au milieu du xvii° siècle.

48. Nicolas Blasset ou Blassel, architecte et sculpteur dont la cathédrale d'Amiens possède des œuvres excellentes. Jean Lenfant, son compatriote, a gravé plusieurs de ses compositions.

49. Cl... de la Ruelle est l'auteur des dessins gravés par Frédéric Brentel pour la pompe funèbre de Charles III, duc de Lorraine.

50. C'est évidemment Jean Bérain que l'abbé de Marolles veut désigner ici. Il n'existe pas, que nous sachions, d'architecte ou de décorateur du nom de Brun et le voisinage des noms de Jacques Androuet Ducerceau et de Pierre Collot autorise parfaitement la lecture que nous proposons.

51. Alexandre Francini, architecte florentin, ingénieur du roi Louis XIII, dont Abraham Bosse grava le portrait en tête de son livre des portiques.

52. Nulle part nous n'avons trouvé un artiste nommé Jacques Gelle, mais un graveur du nom de Jean Gelle nous est connu pour avoir gravé quelques planches, entre autres les portraits de Ferdinand II, empereur d'Allemagne, et de Georges Guillaume, margrave de Brandebourg.

53. L'abbé Zani cite (t. XIII, p. 291) un certain Antoine Mirou, peintre de paysages et de perspectives, né en Flandre vers 1600 et mort vers 1640. Nous connaissons en effet un paysage signé : *A. Mirou Invent. M. Merian fecit. P. Aubry excud.*

54. Nous supposons que ce Bruant est l'artiste dont Mariette parle en ces termes : « Jacques Bruant, de Paris, architecte, a fait le portail de la maison des marchands drapiers (rue des Déchargeurs). Il est mort avant l'année 1675. Il avait fait le modèle d'une maison que le sieur Jabach voulait faire bâtir à Cologne et qui a été gravée par Marot et insérée dans son volume des Bâtiments, in-4. »

55. Les œuvres du sieur Cottart, architecte, ont été publiées en 1686, elles sont dédiées à Louvois. Ce volume contient des plans et des élévations pour le Louvre, pour le château de Villacerf et pour l'hôtel de M. Amelot de Bisseuil. Toutes les planches sont gravées par Cottart lui-même.

56. Le frère Perroteau peignit le portrait de Louis Henri de Pardaillan de Gondrin et du père Philippe Le Roy, confesseur de la reine Anne d'Autriche, portraits gravés par Jacques Humbelot.

57. Antoine-François Vandremeulen.

58. Gérard Edellock.

59. Nous ne savons pas trop ce que vient faire ici le nom de Jean Toutin, graveur d'orfévrerie qui publia en 1615, à Châteaudun, deux cahiers d'arabesques.

60. Thibault Poissant, architecte et sculpteur, serait né à Eu, si l'on en croit les registres de l'Académie de peinture. Il fut reçu académicien le 17 mars 1663 et mourut le 16 septembre 1668 âgé de 63 ans.

61. Robert Cordier, auteur de vingt-quatre cartouches destinés à encadrer les cartes de Nic. Sanson, grava aussi plusieurs planches de calligraphie. C'est même à ce titre qu'il est mentionné par l'abbé de Marolles, p. 28, quatrain LXXVII.

62. On sait, en effet, que Bosse fut exclu de l'Académie à l'occasion du libelle intitulé : *Lettre à Messieurs de l'Académie royale de la peinture et de la sculpture, etc.* S. l. n, d. (1660), in-4. Le seul exemplaire que nous ayons rencontré de cette lettre se trouve à la Bibliothèque de l'Institut.

63. Herman Swanevelt naquit en Hollande vers 1620; on ignore le lieu exact de sa naissance. Il mourut à Rome vers 1690.

64. Jean Pesne, né à Rouen en 1623 et mort à Paris en 1700, est un des meilleurs graveurs du XVIIe siècle. Les estampes qu'il a gravées d'après Nic. Poussin suffisent à justifier la renommée dont il jouit.

65. Antoine Waterloo, né vers 1618, selon les uns à Amsterdam, selon d'autres à Utrecht, mourut en 1662.

66. Corneille Poelemburg, né à Utrecht en 1586, mort en 1660.

67. Adrien Van de Velde, mort le 21 janvier 1672, à l'âge de 33 ans.

68. Jean Livens, imitateur de Rembrandt, né à Leyde le 24 octobre 1607, mort à Anvers en 1663.

69. Henri comte de Goudt, peintre et graveur, amateur, né à Utrecht en 1585, mort en 1630.

70. Il s'agit sans doute ici de Wallerant Vaillant, un des

premiers artistes qui gravèrent en manière noire. Il naquit à Lille en 1623 et mourut à Amsterdam en 1677.

71. On possède le portrait de Daniel Boutemie, orfèvre et graveur; il est dessiné et gravé par N. Cochin et on lit au bas : *A l'illustre Boutemie sur son grand volume de desseins au crayon contenant cent cinquante feuilles où sont figurées toutes les choses les plus curieuses qui se peuvent imaginer, qu'il doit présenter au roy.* 1658.

72. Jacques L'homme, peintre et graveur, né à Troyes, d'après lequel Jean Couvray a gravé une sainte Catherine et qui a lui-même gravé une *dame jouant du Luth*, qu'a décrite Robert Dumesnil. T. VIII, p. 251.

73. Nous trouvons, dans l'*Encyclopedia* de Zani, un peintre de ruines du nom de Thomas Manessier, qui est indiqué comme Français. Est-ce celui qui est cité ici ?

74. Antoine Masson, le célèbre graveur.

75. L'abbé de Marolles parle du même artiste dans son catalogue de 1666 (p. 113) et l'appelle alors A. Peyrounia. Ce nom nous est inconnu avec cette orthographe aussi bien qu'avec l'autre.

76. Louis Cossin, graveur, né à Troyes en 1633, que l'on nomme quelquefois L. Coquin.

77. Nicolas Sanson, géographe?

78. L. Barbedor, maître écrivain à Paris, publia « L'escriture italienne, bastarde, diversifiée pour toutes les expéditions qui s'en peuvent escrire. » In-fol.

79. On connaît de Lucas Materot « Les œuvres de Lucas Materot, Bourguignon, François, citoyen d'Avignon, où l'on comprendra facilement la manière de bien et proprement escrire toute sorte de lettre italienne selon l'usage de ce siècle. S. l. ni d.; in-4 obl.

80. Jean Blanchin, graveur au burin qui travailla à Paris dans la première moitié du XVIIe siècle; il grava entre autres : Le fidelle jardinier ou differantes sortes de parterres, tant de plaine broderie que meslée de pièces a mettre fleurs pour servir

d'instruction à ceux qui se delectent en cest art nouuellement
designez par Me Pierre Betin, jardinier.

81. Jean-Jacques Tournier grava, d'après les dessins de
Charles Errard, un certain nombre de vases.

82. Jean de Dieu, dit Saint-Jean, fut agréé de l'Académie,
mais ne devint pas académicien.

83. Jacques Boyceau, escuyer, sieur de la Barauderie, est
l'auteur du livre intitulé : Traité du jardinage selon les raisons
de la nature et de l'art. 1638, in-fol.

84. Pierre Vallet s'est associé à Jean Robin pour publier
« le Jardin du roy très-chrestien Henri IV, roi de France et de
Navarre, dedié à la royne. » Cet ouvrage eut deux éditions ; la
première parut en 1608, la seconde en 1623.

85. André, Claude, Noel et Jacques Mollet ont publié en
collaboration le Jardin de Plaisir. Stockholm, in-fol.

86. Rabel signa, comme dessinateur et graveur, un recueil
que publia François Langlois dit Ciartrés, sous ce titre : Livre
de differants desseings de parterres.

87. Pierre Bétin, jardinier, publia le Fidèle jardinier ou différentes sortes de parterres, à Paris, chez Jean Boisseau, in-fol.
obl.

88. Isaac de Caux donna les plans du Jardin de Vuilton cons-
truit par très-noble et très-puissant seigneur Philippe comte de
Pembrooke et Mongomeri. Salomon de Caus mit son nom au
bas des dessins de : « Hortus Palatinus a Friderico Rege Boemiæ
electore Palatino Heidelbergæ extructus. » Francfort, 1620,
in-fol.

89. Jean de la Quintinie, né à Chabanals en 1626, mort à
Versailles en 1688. On a son portrait gravé par Gér. Edelinck,
d'après de Lamare Richard.

90. Jacques Besson, auteur de « Théâtre des instrumens mathématiques et méchaniques. » Genève, 1594, in-fol.

91. Voici le titre entier de cet ouvrage de Jean Appier Hanzelet : « Là pyrotechnie de Hanzelet lorrain où sont représentés
les plus rares et plus appreuvez secrets des machines et des feux

artificiels propres pour assiéger, battre, surprendre et défendre toutes places. » Pont-à-Mousson, 1630, in-4.

92. Christophe Jegher, graveur sur bois du XVIe siècle. Nous pensons du moins que c'est cet artiste que l'abbé de Marolles entend désigner ici. Ce pourrait bien être aussi Christoph, surnommé le Suisse, dont Fournier cite une estampe gravée sur bois intitulée : *Portrait du camp de Turc*, au bas de laquelle on lit : Estampe mignonnement élabourée, qui mérite d'être paragonée au plus délicat burin.

93. Christophe Savigni, auteur d'un ouvrage orné de quelques belles planches sur bois : *Tableaux accomplis de tous les arts libéraux*.

94. Jacques Lagniet, éditeur des *Proverbes*.

95. Michel van Lochon, graveur éditeur, qui travailla en France pendant la première moitié du XVIIe siècle.

96. Nicolas Auroux, graveur français.

97. « Livre des ouvrages d'orfévrerie fait par Gilles Légaré, orfévre du roy, rue de la Vieille-Drapperie, devant le palais au Barillet, proche Saint-Pierre-des-Arcis. » Tel est le titre d'un livre qui serait l'œuvre d'un troisième Légaré.

98. E. Carteron signa ainsi une suite de huit pièces : *Stephanus Carteron Castellionensis Burgundus otii parc. hujus operis extitit inventor quod postea in has tabulas laboriose sculpsit ut memoriæ templo dedicaret*. 1615.

99. Guillaume de la Quewellerie publia en 1611 un petit volume de modèles d'orfévrerie qu'édita S. Savry, à Amsterdam.

100. Guillaume-le-Lorrain a composé des dessins de serrurerie que Didier Torner a gravés.

101. Mathurin Berton signa un certain nombre de planches, serrurerie que publia Mariette.

102. On a de Marcou l'ouvrage suivant : « Plusieurs pièces d'arquebuzerie recueillies et inventées par François Marcou, maistre arquebuzier à Paris, » in-4, les planches qui forment

ce cahier sont gravées par C. Jacquinet. Le portrait de François Marcou a été gravé en 1657 par René Lochon.

103. Antoine Jacquart est un des graveurs d'arquebuserie les
plus connus. Il a gravé lui-même son portrait.

104. Outre « la fidelle ouverture de l'art du serrurier, » La
Flèche, 1627, in-fol., Mathurin Jousse a encore publié : « Le
Théâtre de l'art du charpentier. » La Flèche, 1659, in-fol.

105. Robert Vignon a publié « le Jardin d'escriture auquel
est représenté les plus belles fleurs, tant de la lettre françoise que
de la lettre italienne, par Robert Vignon, Parisien, maistre escrivain, juré à Paris. » S. d., in-fol. obl.

106 Jean Pétré, auteur de « Les exemples de l'art d'écriture, de finance et italienne, bastarde, de l'invention et de la
main de Pétré, Mᵉ escrivain juré à Paris... » Paris, chez
l'autheur, rue St-Anthoine, au coing de St-Paul, à la Plume
d'or, 1647, in-4 obl.

107. On a le portrait de L. Senault en tête de : « Les vérita-
et naïfves escritures financières.... iscrites et gravées par L.
Senault, escrivain juré au fauxbourg St-Germain, y demeu-
rant, proche la porte Daulphine, à la Plume d'or, à Paris. »
1658, in-4 oblong.

108. On voit le portrait de *Philippe Limosin, Parisien, aagé de
36 ans,* 1647, en tête de son livre intitulé : « Les nouvelles œuvres contenant plusieurs pièces d'escritures françoise, financière
et italienne... » se vendent chez l'auteur, rue Sainct-Antoine,
au bout de la rue Geoffroy l'Asnier, proche l'enseigne de l'Ouis,
à la Plume d'or, 1647, in-fol.

109 Jacques de His est auteur de : « Exemplaire des lettres financières, coulantes et italiennes, bastardes à la française
très-faciles à imiter, escrittes et burinées par J. de His, maistre
escrivain. » S. l. ni d. in-4 obl. Cet ouvrage est dédié à
Charles, sire de Rambures, maistre de camp d'un régiment à
pied français.

110. A. Le Bé a publié : « la Facilité d'escrire la lettre bastarde de ce temps inventée, écritte et gravée par André le Bé,

maistre escrivain juré à Paris. J. le Blond, exc., avec privilége. » S. l. ni d., in-4 obl.

111. Allexandre Jean, écrivain et arithméticien, a publié de
grands tableaux calligraphiques : *Moyen pour apprendre à escrire;
Abréviations lesquelles se rencontrent dans les escritures minuttées;
Moyen pour apprendre en bref à bien lire*, etc.

112. J. de Beauchesne, auteur de « Le Trésor d'escriture
auquel est contenu tout ce qui est requis et nécessaire à tous
amateurs dudict art, par Jean de Beauchesne, Parisien, avec
privilége du Roy et se vendant par l'autheur en rue Mercière à
l'enseigne de la Trinité, à Lyon. » 1580, in-4 obl.

113. Auteur de « Panchrestographie ou exemples de toutes
sortes d'escritures plus utiles et nécessaires en France, réduites
ès formes, proportions et liaisons plus convenables et faciles
pour s'en servir.... » par J. de Beaugrand, Parisien, escrivain
du Roy et de ses bibliothèques et secrétaire ordinaire de la
Chambre de sa Majesté. S. d., in-4 obl.

114. Pierre Moreau, graveur calligraphe, qui publia le livre
suivant : « Original des pièces escrites et burinées par P.
Moreau, M⁰ escrivain à Paris.... » se vend à Paris, chez
Ysaac Briot..... 1633, in-fol.

115. On a de lui : « L'art d'escriture de finance, par Jacques
Raveneau, M⁰ escrivain juré à Paris. S. d., in-fol.
obl.

116. Gribelin, orfèvre et graveur qui a publié, en Angleterre, un charmant petit livre sous ce titre : A Book of orna-
ments usefull to jewellers watch-makers and all other artistes,
Sim. Gribelin inv. et sculp. 1697.

117. Très-probablement Jean Scohier, auteur de la Généalogie de la maison de Croy. Douai, 1589, pet. in-fol.

118. Claude de Valles, secrétaire de la Chambre du Roi ?.

119. Claude Oronce Finé de Brianville, auteur de nombreux ouvrages sur la noblesse et entre autres du Recueil généa-
logique de la maison de Monty. Nantes, 1684, in-4.

120. Le R. P. Marc Gilbert de Varennes a publié à Paris,

en 1635, « la Roi d'armes ou l'art de bien former, charger, briser, timbrer et par conséquent blasonner toutes sortes d'armoiries. »

121. Le R. P. Philibert Monet, de la Compagnie de Jésus, publia à Lyon, en 1659, « l'Origine et la vraye practique de l'art du Blason. » In-4.

122. Gilles André de la Rocque publia chez Pierre Firens en 1626 « Les Blasons de la Royale Maison de Bourbon et de ses alliances »

123. Pierre de Guibourg, dit le Père Anselme de la Vierge Marie.

124. Jean du Bouchet.

125. P. Palliot, Parisien, imprimeur du Roy, auteur de « la vraye et parfaite Science des armoiries ou l'indice armorial de feu maistre Lowan Geliot, advocat. » Paris, 1660, in-fol.

126. L'abbé Zani parle de deux artistes de ce nom : l'un, J. Segnenot, dessinateur et graveur, travaillait en France de 1652 à 1662 ; l'autre, L. Segnenot, florissait également en France en 1671.

127. Gabriel Faber, graveur amateur, né à Lyon en 1560, mort en 1637.

128. Nous trouvons ce nom *Cristo sculp.*, au bas d'un portrait de Jean-Baptiste de Contes, doyen de l'Église de Paris.

129. P.-J. de Berry ou de Bercy, dont M. Robert Dumesnil (*le Peintre-graveur français*, t. III, p. 97), décrit six pièces gravées avec esprit.

130. Jean-Louis Durant, peintre et graveur, né à Orléans, travailla à Genève dans la seconde moitié du XVII° siècle.

131. L. Boudan, dessinateur et graveur, que Roger de Gaignières avait attaché à sa personne fit, la plupart des dessins qui composent la collection du célèbre amateur.

132. Jean Colin, graveur au burin, travaillait à Reims dans la seconde moitié du XVII° siècle.

133. J. Frosne grava en 1658, d'après C. Boury, le portrait de M. de Bréauté, et en 1660 le portrait de N. Langlois, sei-

gneur de Motteville. Jollain grava d'après le même peintre les portraits de Ferdinand de Neuville, et de La Ferté, abbé de la Magdeleine, chantre de la Sainte-Chapelle de Paris.

134. Abraham Bosse grava, d'après Ninet de Lestain, le *Tableau de la conversion de saint Denis aréopagite par saint Paul*, présenté à la Vierge à Notre-Dame de Paris, le 1 jour de mai 1636.

135. Lubin Baugin, peintre, né à Pithiviers vers 1610, mort à Paris le 11 juillet 1663.

136. Anne-Renée Strézor, peintre en miniature, entra à l'Académie le 24 juillet 1676, elle mourut âgée de 64 ans, le 6 décembre 1713.

137. G. Rousselet grava d'après Varie, peintre, le portrait de Jean Riolan, médecin.

138. Jean Lenfant grava en 1661, d'après Verspronck, le portrait de Coussebaus, bourgmestre d'Amsterdam.

139. On connaît, d'après C. Berchet, les portraits de Jean Mestrezat gravé par P. Van Lochon, et de Seguier gravé par René Lochon, en 1654.

140. Antoine Paillet, peintre, entra à l'Académie royale de peinture et de sculpture, le 2 août 1659, sur un tableau relatif aux conquêtes de Louis XIV et sur le triomphe d'Auguste à la bataille d'Actium.

141. Sixte, peintre de portraits et graveur français qui travaillait à Paris en 1641.

142. Hurel, peintre français qui nous est inconnu, mais dont Zani semble avoir vu quelque chose, car il cite ce nom dans son *Encyclopedia methodica delle belle arti*.

143. J. Frosne grava en 1657, d'après un peintre nommé F. Duchesne, le portrait de Claude Moulnorry, conseiller du Roi.

144. Philippe Lourdelet, peintre stuccateur selon Zani.

145. Etienne Desrochers grava, d'après une peinture de Dupré, le portrait du Rév. Père Léonard de Sainte-Catherine.

146. Nous trouvons un P. Letellier qui signa comme graveur le portrait d'Ottaviano Gratiani.

147. François Bonnemer entra à l'Académie de peinture le 5 janvier 1675. Il donna pour morceau de réception un tableau représentant Apollon et Daphné

148. Louis Chéron, peintre et graveur, né à Paris le 2 septembre 1655, mort en 1715. Robert-Dumesnil (t. III, p. 285, et t. XI, p. 35) a consacré une notice à ce peintre-graveur.

149. Isaac Gribelin, « admirable portraitiste en pastel, crayon et esmall » dit Bernier dans son « Histoire de Blois » p. 74.

150. Jean Pesne.

151. Le Breton, peintre d'après lequel Daret grava en 1645 le portrait de Charles de Montchal, archevêque de Toulouse.

152. Serait-ce Kay, peintre de portraits qui vivait à Anvers dans la seconde moitié du XVI⁰ siècle ?

153. Charles Mellin, peintre, né en Lorraine au commencement du XVII⁰ siècle, travailla beaucoup en Italie, Robert-Dumesnil (t. II, p. 1) décrit une pièce gravée par lui, un ex-voto signé dans la marge : *Carolus Mellini Lotaringio fecit Romae.*

154. Nous connaissons de Pèlerin trois portraits, Nicolas Guido, Louis XIII et Marie de Médicis, gravés par Théodore van Merlen, par Michel Lasne et par François Ragot.

155. Zani ne cite qu'un artiste du nom de Lartigue et il le dit architecte.

156. René Dudot grava une sainte famille que décrit Robert-Dumesnil (t. I, p. 234).

157. Noel Quillerier entra à l'Académie royale de peinture et de sculpture le 31 mars 1663 et donna comme morceau de réception *Saint Paul en demi-nature*, actuellement au musée du Louvre.

158. Justé Verus d'Egmont, reçu académicien le 1ᵉʳ février 1648, donna à l'Académie en 1649 le portrait de Gaston, duc d'Orléans.

159. Francesco Maria Borzoni, peintre de paysages, né à Gênes, mort le 5 juin 1672 âgé de 54 ans, fut reçu académicien le 28 avril 1663.

160. H. Faulx, peintre de portraits selon Zani.

161. Jean Madain, peintre d'architecture et de paysages selon Zani.

162. Zani parle d'un peintre français nommé Marin le Bourgeois, qui florissait au commencement du XVIIe siècle.

163. Alexandre Dubuisson, chanoine régulier de Saint-Victor, peintre de portraits, travaillait à Paris en 1670.

146. Le père Jean Saillant, Augustin, miniaturiste très-habile, travailla de 1620 à 1635.

165. « On regarde Ambroise Fredeau, à Toulouse, comme un grand peintre et un grand sculpteur; il s'étoit fait augustin et l'on voit dans l'église de ces religieux , à Toulouse, plusieurs autels dont les tableaux, les sculptures et l'architecture ont été exécutés par lui et méritent d'être vus. Il a servi de maître à Jean Pierre Rivals; on juge par là qu'il travailloit dans le milieu du XVIIe siècle. » (Mariette, *Abecedario*, II, 272.)

166. Zani cite un moine français du nom de Guénaud ayant pratiqué la peinture, mais il ne donne aucun renseignement particulier sur son compte.

167. Le portrait d'Etienne Rabache est signé : *Hanc veram praelaudati R. P. effigiem R. R. P. Pte. ac FFb, ejusdem communitatis f. Francisc. Courde del. et scul.* Guérard grava d'après le frère François Courde la procession de la châsse de saint Félicissime.

168. Jean Morin a effectivement gravé le portrait du R. P. Grégoire Tarrisse , supérieur général de la congrégation de Saint-Maur, mort le 25 septembre 1648, âgé de 74 ans, portrait que F. Donstan avait peint.

169. R. Nanteuil a gravé, d'après le Rév. Père Antonin, le portrait de Léonor Goyon de Matignon, évêque de Coutances, puis évêque de Lisieux.

170. Allusion à la grande planche gravée par Michel Natalis en 1649 d'après Bertholet Flemael et représentant l'assemblée des Chartreux.

171. Jérémie Falck, graveur à l'eau-forte et au burin, né à

Dantzig en 1629, mort en 1709. Il travailla en Danemark, en Suède, en Allemagne et assez longtemps à Paris.

172. Pierre Lescot, abbé de Clagny, architecte d'une partie du Louvre.

173. L'abbé de Marolles fait allusion ici à une estampe gravée par J. Couvay d'après Aubin Vouet, représentant la sainte Vierge et l'enfant Jésus. Au bas de la planche on lit une oraison à Nostre-Dame de Tvdert.

174. Grâce aux recherches faites par M. Frédéric Reiset dans les Registres de l'état civil de la ville de Paris, recherches publiées dans les *Archives de l'art français*, la généalogie de la famille de Quesnel paraît établie ainsi : Pierre Quesnel eut trois fils : François, Nicolas et Jacques ; ce Nicolas eut un fils nommé Toussaint, et Jacques, son frère, eut deux enfants, François II et Augustin. Les vers de l'abbé de Marolles paraissent confirmer les recherches de M. Reiset. M. Jal (Dictionnaire critique de biographie et d'histoire, p. 1024 et suiv.) a publié, à la suite d'un grand nombre d'actes officiels relatifs à la famille de Quesnel, le sonnet suivant adressé par Louis d'Orléans à François Quesnel, le premier :

> Tu es peintre, Quesnel, et je le suis aussy ;
> Le ciel nous a rangez tous deux à la peinture ;
> Mais tu es peintre d'art, je le suis de nature ;
> L'vn s'acquiert par labeur, l'autre vient sans soucy.
>
> Tu peins de tes crayons, je ne peins pas ainsi ;
> La plume est mon crayon dans toute pourtraicture ;
> Tu peins sur un tableau et de moy je n'ay cure
> Que de rendre un papier divinement noircy.
>
> De diverses couleurs tu donnes l'ornement,
> Je n'orne mes portraits que d'encre seulement ;
> Ton ouvrage perit et le mien toujours dure ;
>
> Non que meilleur ouvrier, je sois, pour ce regard,
> Mais la couleur, la table et le crayon et l'art
> Cède à l'encre, au papier, à la plume, à nature.

175. Si l'on en croit le mémoire historique que Guillet de Saint-Georges consacra à Claude Vignon, mémoire publié en 1854, en même temps qu'un grand nombre d'autres, par MM. Dussieux, Eud. Soulié, Ph. de Chennevières, P. Mantz et Anat. de Montaiglon, Claude Vignon eut de ses deux mariages trente quatre enfants. Trois fils sont morts en portant les armes pour le roi, trois autres étaient peintres et plusieurs filles ont été mariées. Son fils aîné Claude François, qui fut reçu académicien le 25 juin 1667, peignit le portrait de son père et le donna à l'Académie. Il mourut, âgé de 69 ans, en 1703.

176. George de la Chappelle, peintre de la ville de Caen, est l'auteur de: *Recueil de divers portraits des principales dames de la porte du Grand Turc, tirée au naturel sur les lieux et dédiés à madame la comtesse de Fiesque.* Paris, 1648, pet. in-fol.

177. On lit au bas de deux vignettes de piété, *l'Adoration des Bergers* et *la Présentation au temple* : Esti. *Dauule exc.*

178. I. Francquart dessina un grand nombre de portraits de moines augustins, que grava en partie Corneille Galle.

179. Charles Dauphin, peintre de portraits et peintre de fleurs, travaillait en France en 1664.

180. On connaît de Louis Duguernier les portraits de Cosme Viardel, chirurgien, gravé en 1671 par J. Frosne, de Tristan l'Hermite, gravé en 1648 par Daret, enfin de Thomas Otway, gravé par lui-même. Il signa en outre un certain nombre de vignettes. Samuel Bernard a gravé à l'eau-forte le portrait de ce peintre graveur ; on lit au bas : *Leuis du Garnier, peintre en mignature. S. Bernard sculp.*

181. Théodore Roelants est l'auteur d'une composition de huit personnages représentant l'intérieur de l'officine d'un arracheur de dents, composition que grava un inconnu nommé André Paul et que publia A. Bonenfant.

182. B. Mazot était-il parent de François Mazot, imprimeur et éditeur dont l'imprimerie se trouvait *rue St-Denis, proche S.-Sauveur, à Paris.*

183. Paul Pontius grava et publia une grande estampe d'a-

près Jean Cossiers, représentant une femme jouant de la guitare et un homme chantant accompagnés par la Mort qui joue du tambourin. La Mort emmène encore un moine occupé à dire son chapelet et un jeune homme qui semble discuter avec elle. Douze vers français accompagnent cette estampe. Jean Cossiers naquit à Anvers en 1603.

184. Un artiste du nom de Denizot a gravé d'après Herbin, peintre bien inconnu, un portrait du cardinal Duperron.

185. Pierre Dannoot grava un certain nombre de titres de livres et de portraits; il signa entre autres, à Bruxelles, en 1650, le portrait d'Ignace de Loyola qu'avait peint d'après nature Pietre de Cortone.

186. L'abbé de Marolles veut-il parler ici de Gilbert Filœul, nommé à tort Fillette, selon Zani, dessinateur et graveur français né en 1644, qui travaillait encore en 1711?

187. Robert Dumesnil (t. IV, p. 223, et t. XI, p. 46) parle d'un J. Cretey, Romanus, qui, au commencement du XVIII° siècle, aurait gravé en manière noire un portrait de Louis XIV et plusieurs animaux réunis; il parle aussi d'un peintre de Lyon, Louis Cretey, d'après lequel Thérèse del Pò grava un sujet allégorique, mais nous n'avons trouvé nulle part mention d'André Cretey que signale ici l'abbé de Marolles. Zani seul parle de cet André Crétey, mais il le nomme André Crétoy et se contente de dire qu'il était peintre français et qu'il travaillait en 1690.

188. L'abbé de Marolles nous semble avoir voulu franciser ici le nom de Giuseppe Pinacci, peintre siennois qui naquit en 1642 et mourut en 1710 ou selon d'autres en 1718.

189. Pierre Dulaurier, peintre et graveur français, travaillait de 1637 à 1650.

190. Nous trouvons un Cl. Morillon, imprimeur du duc de Montpensier, qui imprima à Lyon en 1611 : *Victoria Hebraorum adversus Ægyptios, catholicorum triumphum contra Hæreticos præsignificans*, par Fr. Jean Nodin, franciscain. In-fol.

191. Anna van Bouckel grava le martyre de Saint-Ignace

et le portrait de Christophe, prince de Portugal, d'après D. Dumonstier.

192. L'abbé de Marolles veut, sans aucun doute, parler ici de Louis Meunier, graveur assez habile, qui mit son nom diversement orthographié au bas d'un assez grand nombre de vues d'Espagne et au-dessous de quelques vues d'autres pays. Robert Dumesnil a décrit l'œuvre de L. Meunier (t. V, p. 245, et t. XI, p. 203).

193. Isaac Moillon, peintre d'histoire, membre de l'Académie de peinture et de sculpture, né à Paris et mort le 26 mai 1673, à l'âge de cinquante-huit ans.

194. On connaît de P. J. de Bersy quelques eaux-fortes touchées avec talent qui ont été décrites par Robert Dumesnil t. III, p. 97).

195. Jean Asselyn, né à Anvers vers 1610, mort à Amsterdam en 1660.

196. I. Paul Flocquet, peintre, d'après lequel N. Pitau grava le portrait de Henri-Louis Habert de Montmor.

197. Les frères Lenain.

198. Maître Laurent Picard, de Picardie, dit maître Laurent de Picardie, très-habile peintre de stucs, travaillait, selon Zani, en 1530.

199. Nous connaissons une vue du palais où se tient le Parlement de Bourgogne à Dijon, signé : *Palliot fecit Divione.*

200. Il est probablement question ici de A. Pierretz, architecte et graveur qui publia plusieurs cahiers d'ornements vers le milieu du XVIIe siècle.

201. L. ou G. de Lincler, dessinateur et ingénieur de talent, travaillait en France en 1642. Il construisit la Samaritaine.

201. P. Beaufrère, dessinateur et graveur, travailla à Paris de 1661 à 1685; il grava surtout des portraits.

203. Nous ne trouvons sous ce nom, dans les Biographies, qu'un Jean Ledart, peintre flamand qui vivait en 1680.

204. Murgallet, peintre de portraits et graveur, travaillait en 1620.

205. Nicolas Baudesson, peintre français, né en 1609, mort en 1682.

206. Jean Couvay grava d'après L Homme une sainte Catherine qu'édita Mariette.

207. L. Cossin a gravé d'après Barthelemy le portrait de Jacques Conrart.

208. Blondeau Guignard, peintre, dont l'abbé de Marolles a déjà parlé plus haut, page 23.

209. Nicolas-Guillaume de Lafleur, peintre de fleurs et graveur à l'eau-forte, vivait à Rome en 1638 et mourut dans cette ville vers 1670.

210. Frère Nicolas, surnommé Nicolas de Bar, peintre français, qui vivait en 1637 et travaillait encore en 1657 selon Zani.

211. Peut-être bien le père Courtois, capucin, peintre de portraits et miniaturiste qui vivait à Paris en 1650 et dont Gérard Audran a gravé le portrait.

212. Claude Deruet, peintre et graveur lorrain auquel M E. Meaume a consacré une monographie.

213. Le nom de Durand, rapproché de celui de Muguet, nous permet de penser qu'il est ici question de Martin Durand, éditeur, rue Saint-Jacques, qui publia au xvii* siècle : *La sainte Œconomie de la famille de Jésus*, composée par M. P. Guérin, curé de Saint-George-les-Roye en Picardie, in-4.

214. François Muguet était en 1695 premier imprimeur du roy et du chapitre de l'église de Paris.

215. Sans doute Tortorel qui s'est associé à Perrissin pour graver ou du moins pour dessiner les scènes de la ligue.

216. Michel Natalis grava, d'après une peinture exécutée en 1639 par G. Douffet, le portrait de Nicolas de Gomzé, abbé de Beaurepaire (abbas Belloreparensis).

217. L'abbé de Marolles veut peut-être bien désigner ici Pierre Dupuis, peintre, membre de l'Académie royale, dont le portrait a été gravé en 1670 par Antoine Masson, puis une seconde fois en manière noire par son fils. François Dupuis.

218. Thomas Blanchet, peintre, né à Paris en 1617, mort à Lyon en 1689, a gravé à l'eau-forte son portrait.

219 Alexandre Boudan, éditeur du xviiᵉ siècle qui pourrait bien en effet avoir lui-même conduit le burin.

220. Jacquinet a gravé les planches qui composent le volume d'arquebuserie de François Marcou.

221. M. Desmares, peintre, né à Paris, d'après lequel Gérard Edelinck a gravé le portrait de Louis de Lavergne-Montenard de Tressan, évêque du Mans.

222. Jacques de Bie, dessinateur et graveur, né à Anvers en 1581, a travaillé assez longtemps à Paris.

223. Florent Despêches, graveur, qui a travaillé du temps de l'abbé de Marolles et entre autres d'après Raphael (Heineken, Dictionnaire des artistes, t. IV, p. 618).

224. Pierre Lemaire naquit à Dammartin, près de Paris, en 1597; il mourut à Gaillon en 1659. Robert Dumesnil a décrit les estampes qu'il a signées : tome VI, p. 204.

225. P. Le Doyen grava en 1666 les *figures des différents habits des chanoines réguliers en ce siècle*, in-4, et quelques autres planches qui expliquent le peu de notoriété dont jouit son nom.

226. François Pajot, graveur, travaillait en 1627.

227. Bonnejonne, dessinateur et graveur italien, qui vivait encore en 1700.

228. Ne serait-ce pas Jacques de Fornazeris?

229. Ch. Leblanc (Manuel de l'amateur d'estampes, t. III, p. 29) cite une pièce signée *Jo. Migon*, représentant un homme demandant de l'argent à un prince entouré de ses gardes.

230. Jean Michelin, peintre français, né en 1623, mort en 1696.

231. L'abbé de Marolles veut-il désigner ici un artiste né à Boulogne ou à Bologne, ou bien ne s'est-il pas trompé de prénom et ne veut-il pas faire mention d'Edme de Boulonnois, graveur assez médiocre qui vivait dans la seconde moitié du xviiᵉ siècle.

232. Probablement Nicolas Berey, graveur éditeur du xviie siècle qui demeura à *Paris rue St-Jaque, devant la fontaine St-Séverin, à la princesse de Savoie.*

233. J. Poinssart grava le *pourtrait d'une tapisserie faite y a deux cent ans, ou est représenté le Rey Charles VII allant faire son entrée en la ville de Rheims pour y estre sacré à la conduite de la pucelle d'Orléans. 1429.*

234. G. Duvivier a gravé à l'eau-forte plusieurs planches qui paraissent appartenir à l'école hollandaise plutôt qu'à l'école française. Robert-Dumesnil a décrit les quelques pièces qui composent son œuvre. T. III, p. 108 du *Peintre-graveur français.*

235. On peut voir, sur les estampes attribuées à P. Fatoure, le *Peintre-graveur français* de Robert-Dumesnil, tome VI, p. 143.

236. Il est probablement question ici de Nic. Deshayes, peintre français qui vivait, selon Zani, en 1675.

237. Etienne de la Rivière, graveur français, travaillait de 1640 à 1670.

238. Jean Colin, artiste rémois, grava un certain nombre de portraits et quelques morceaux d'architecture vers le milieu du xviie siècle.

239. Ch. Leblanc décrit cinq estampes gravées par J. P. Crozier et confond en un seul article les pièces que Robert-Dumesnil a attribuées à deux artistes différents, J. J. Crozier et J. P. Crozier.

240. Robert-Dumesnil décrit l'œuvre de Jean Alix, tome IV, p. 19 du *Peintre-graveur français.* Charles Le Blanc le nomme Jacques Alix; l'un et l'autre le font naître à Paris.

241. Probablement Claude de La Ruelle, dont nous avons parlé plus haut, p. 103. Note 49.

242. Serait-ce un certain Charpentier qui grava sans aucun talent un saint Jean d'après Charles Lebrun?

243. Philippe Millot grava en 1617 d'après Abraham Bloemaert l'homme et les animaux dans le paradis terrestre.

244. Benoît Thiboust, graveur, né à Chartres, passa la plus grande partie de sa vie en Italie.

245. Zani parle d'un sculpteur et graveur français nommé Charles Buyrette qui travaillait en 1649.

246. Ce Gabriel Audran doit être un membre inconnu de la famille des Audran, car ce prénom, dans cette famille, n'appartient, à notre connaissance, qu'à des artistes dont la plus grande partie de l'existence s'est passée dans le xviii° siècle.

247. Jean Etienne Lasne, graveur au burin qui travaillait à Paris dans la seconde moitié du xvii° siècle.

248. Jacques Belly grava en effet d'après Annibal Carrache en trente-deux planches les peintures de la galerie du palais Farnèse.

249. G. Le Juge, graveur du commencement du xvii° siècle dont Robert-Dumesnil a décrit quelques pièces. Tome IV, p. 26, et tome XI, p. 119.

250. Jacques Picart grava un portrait de l'amiral de Coligny et 24 petites pièces représentant les Pères du désert.

251. J. de Courbes, graveur français du xvii° siècle, signa un assez grand nombre de planches qui accusent un médiocre talent.

252. Pierre van Lochom, artiste du xvii° siècle, grava un assez bon portrait équestre du grand Condé, portrait qu'il signa de ses initiales P. V. L.

253. Jeanne Matthieu, qui dessina et grava en France au commencement du xvii° siècle, était fille de Georges Matthieu, peintre, dessinateur et graveur sur bois qui vivait en 1560.

254. Marie Briot, fille d'Isaac Briot, grava quelques images de sainteté et une suite d'oiseaux.

255. Françoise Stella, petite-fille de Jacques Stella et sœur de Claudine Bouzonnet-Stella, mourut en 1676.

256. Antoinette Stella grava d'après Jules Romain une série de vingt-quatre planches reproduisant les stucs du palais du T, relatifs à l'entrée triomphale de Sigismond à Mantoue.

257. Zani cité deux sculpteurs français du nom de Chassel, Charles et François.

258. Louis Rouhier, graveur de Dijon, passa la plus grande partie de sa vie en Italie et grava entre autres à Rome deux vues de l'obélisque Pamphili.

259. Claude Isac, peintre et graveur, fils de Jaspard Isac, travaillait en 1660.

260. « Etienne de Rivière et Georges, graveurs en bois, travaillaient du même temps que Palliot et Duval. J'ai vu autre-fois quelques-unes de leurs gravures qui n'étoient pas à mépri-ser. » Papillon, Traité de la gravure en bois, I, 302.

261. Zani désigne Antoine Crache, comme graveur sur bois, travaillant en Allemagne en 1540.

262. Georges Mathieu, graveur sur bois, vivait, selon Zani, en 1560.

263. Claude Bezzoard, graveur sur bois, vivait en 1350.

264. Georges Voulant, graveur sur bois, travaillait en France en 1600.

265. Zani cite un graveur sur bois du nom de Boulère et dit qu'il travaillait en 1640.

266. Jean Papillon, aïeul de Jean-Baptiste Michel, né à Rouen, et graveur sur bois, mourut au mois d'août 1710.

267. « Volant, Graffart et la Roullière ont fait d'assez belles gravures en bois. » Papillon, Traité de la gravure sur bois, I, 302.

268. Le Père Etienne Martelange, jésuite né en 1569, mort en 1641.

269. Le Père François Derrand, écrivain sur l'architecture, né en 1588, mort en 1644.

270. C'est évidemment François ou Jean Dubreuil, jésuite, architecte et écrivain, que l'abbé de Marolles entend désigner ici; il naquit en 1602 et mourut en 1670.

271. Le Père Claude-François Milliet-Dechales, jésuite, était architecte et mathématicien; il publia plusieurs ouvrages; né en 1621, il mourut en 1678.

272. Louis Barbaran, dessinateur et graveur au burin, religieux prémontré, devint chanoine régulier de Saint-Martin de Laon et prieur-curé de Missy; c'est lui-même qui nous l'apprend au bas du *plan de la célèbre et Royale abbaye de Saint-Jean des Vignes de Soissons.*

273. Antoine Lepautre, architecte et graveur, né en 1614, mort en 1691. On connaît de lui : « Desseins de plusieurs Palais, plans et élévations en perspective géométrique, ensemble les profils élevez sur les plans, le tout dessiné et inventez par Anthoine Lepaultre, architecte et ingénieur ordinaire des Bastimens du Roy. »

274. A. Pierretz est l'auteur de : *Livre d'architecture de porte et cheminées* et de *Recherche de plusieurs beaux Morceaux d'ornemens antiques et modernes, comme trophées, frises, masques, feuillages et autres.* Ces deux ouvrages furent publiés à Paris par Langlois dit Ciartres.

275. Daniel Gittard construisit l'église Saint-Jacques du Haut-Pas à Paris et le château de Saint-Maur.

276. Pierre Collot publia en 1633 : *Pièces d'architecture où sont comprises plusieurs sortes de cheminées, portes, tabernacles et autres parties avec tous leurs ornements et appartenances.* Antoine Lemercier a gravé ses dessins.

277. On connaît de cet architecte l'ouvrage suivant : *Manière de bien bastir pour toutes sortes de personnes,* par Pierre Lemuet, architecte ordinaire du Roy et conducteur des desseins des fortifications en la province de Picardie. Paris, 1647, in-fol.

278. « Jacques Curabel, architecte françois, est né en 1585; il sçavoit autant de géométrie qu'il est nécessaire pour un homme de sa profession, et c'étoit le meilleur appareilleur de son temps. Ce fut lui qui conduisit, sous Le Mercier, le batiment de la Sorbonne. » (Mariette, *Abecedarn,* II, 53.)

279. Pierre de Jode grava d'après Jac. Bunel le portrait de Franqueville, et on lit au bas de cette planche: *Petrus a francavilla, cameracensis. Gall. et Navar. regis christianis. Architect. et*

proto sculptor. Academicus florentinus et ob egregia artis opera civitate Pisana Donatus M. VI° XIII. æ. 60.

280. Le Père Jean François, mineur réformé, peintre de portraits et peintre d'architecture, vivait, selon Zani, en 1640.

281. Marin de la Valée, architecte, dessinateur et graveur français, vivait en 1650.

282. L'abbé Zani cite un architecte français du nom de Guillaume Marchand le vieux, qui serait mort en 1606.

283. Simon Maupin construisit l'hôtel de ville de Lyon.

284. Louis Leveau, premier architecte du Roi, naquit à Paris ; il mourut en 1670 à l'âge de cinquante ans. Ses principaux ouvrages sont les châteaux de Vincennes et de Vaux-le-Vicomte, l'église et le collége des Quatre-Nations. Il travailla aussi aux Tuileries.

285. N. de Lespine, architecte du Roi, fit, pour la place Dauphine et le terre-plein du Pont-Neuf, un projet que grava Jean Marot.

286. Gérard van Opstal, sculpteur, né à Bruxelles, mourut le 1er août 1668, à l'âge de 71 ans.

287. Balthazar de Marsy, sculpteur, né à Cambrai, mort à l'âge de 46 ans, le 19 mai 1674; il avait été reçu membre de l'Académie Royale le 26 février 1673.

288. Michel Bourdin, sculpteur orléanais, sur lequel M F. Dupuis publia, en 1863, une notice biographique insérée dans le *Bulletin de la Société archéologique de l'Orléanais.*

289. « Thibault Poissant, qui n'était pas un sculpteur sans mérite, étoit né à Créci, dans le Ponthieu. Il vint étudier à Paris, devint un des membres de l'Académie Royale en 1663 et mourut âgé de 70 ans en 1668. » (Mariette, *Abecedario*, t. IV, p. 194.)

290. Nous trouvons un serrurier, Aubert Loriot, qui pourrait être parent d'Antoine Loriot dont il est ici question. Ce Loriot est l'auteur du cahier suivant : *Différents portraits pour les serruriers nouvellement inventés par moy Aubert Loriot f.* 1658.

291. Didier Torner a gravé plusieurs dessins de serrurerie avec Guillaume le Lorrain.

292. Nicolas de Jardins signa quelques pièces de serrurerie qui portent les dates 1646 et 1649.

293. Guy de la Brosse, médecin de Louis XIII et fondateur du Jardin des Plantes, naquit à Rouen ; il mourut en 1641.

294. Antoine Hedewyns et non Hedouins travaillait, selon Zani, entre les années 1623 et 1633.

295. Zani affirme que Blochon est le nom défiguré de Jean van Lochom, orfévre flamand qui florissait en 1580.

296. Jean Duvet, surnommé le Maître à la Licorne, naquit en 1485; il grava un assez grand nombre de planches que décrit Robert-Dumesnil (t. V, p. 1, et t. XI, p 86).

297. Jacques Caillard, orfévre de mérite, travaillait en 1629.

298. Nicolas Gougenot, calligraphe et graveur de Dijon.

299. Brunet (*Manuel du Libraire*, t. III) a consacré à Nicolas Jarry, calligraphe, un article assez long dans lequel il mentionne tous les manuscrits qui lui sont attribués.

300. C. Segoing est l'auteur du *Mercure Armorial*, publié à Paris en 1648 par Alexandre Lesselin.

301. Pierre Palliot, Parisien, imprimeur du Roy, du Révérendissime évêque et duc de Langres, des estats de Bourgogne et de la ville de Dijon, marchand libraire et graveur en taille-douce, mit au jour à Paris, en 1660, en y ajoutant un assez grand nombre de choses de lui-même « La *vraye et parfaite Science des Armoiries* ou l'*Indice Armorial* de feu maistre Lov:an Geliot, advocat au parlement de Bourgogne, apprenant et expliquant sommairement les mots et figures dont on se sert au blason des Armoiries et l'origine d'icelles. »

302. Jean-Antoine Deville construisit avec Swalm Renkin la machine de Marly.

303. Charles Errard nous apprend, au bas du portrait qu'il a gravé de Jérôme Bachot, toutes les qualités en même temps que l'âge de ce personnage : « Hiérosme Bachot, ingénieur et géographe ordinaire du Roy, architecte des réparations et for-

tiffications des villes et places fortes de Bretaigne et commissaire de l'artillerie. Aagé de quarante-trois ans en mil six cens trente et un. »

304. L'abbé de Marolles (*Cat.* de 166, p. 107) dit : « Le sieur de Langres, Ingénieur des Armes du Roy, chez M. Van Lochon. »

305. Paul Stacker, graveur allemand qui vivait, selon Zani, en 1670.

306. Nicolas van Aelst, graveur-éditeur né à Bruxelles en 1526, travailla longtemps à Rome et publia un grand nombre de planches qui passèrent à sa mort chez Philippe Thomassin et chez J. de Rubeis.

307. Guillaume Courtois, peintre et graveur, naquit à Saint-Hippolyte vers 1628 et mourut à Rome en 1679. Robert-Dumesnil a décrit les quelques eaux-fortes qu'il grava, t. I, p. 211 du *Peintre-graveur français.*

308. James Blamé. Thomas de Leu grava, d'après *Johannes Blaimex*, le portrait de Louis XIII enfant.

309. Marolles entend-il désigner ici Benedetto Brandimarte, peintre de Lucques, qui florissait en 1592?

310. Paul grava, d'après Théodore Roelans, l'intérieur de l'officine d'un arracheur de dents.

311. Ne serait ce pas F. Sicre, d'après lequel L. Coussin grava les portraits de Jean Doujat et de Thomas Corneille?

312. Ninet de Lestain.

313. Pierre Du Monstier, dessinateur de crayons comme la plupart des membres de sa famille, était le petit-fils de Geoffroy Du Monstier.

314. Lagneau, peintre français dont on connaît un assez grand nombre de portraits aux trois crayons exécutés à la fin du xvie siècle et au commencement du xviie.

315. Jacques Bellange, peintre, dessinateur et graveur, naquit à Nancy le 13 octobre 1594 et mourut dans la même ville vers 1638. Robert-Dumesnil a décrit son œuvre gravé, tome V, p. 81 et tome XI, p. 9 du *Peintre-graveur français.*

316. M. Ph. de Chennevières a consacré à Jean Daret une assez longue notice dans les *Peintres provinciaux de l'ancienne France*, tome I, pp. 43-83.

317. Peut-être bien Jacques Simonetta, peintre parmesan qui travaillait au commencement du XVIII° siècle.

318. Abraham Bloemaert.

319. Martin Hermskerke.

320. Les Wiefix.

321. Lucas de Leyde.

322. Albert Durer. En même temps que venait prendre place à la Bibliothèque l'œuvre d'Albert Durer qu'avait formé l'abbé de Marolles, entraient également au cabinet des estampes quelques dessins du même maître qui y sont encore conservés.

323. Georges Pencz.

324. Henri Aldegrever.

325. Hans Sebald Beham.

326. C'est le même artiste que Hans Sebald Beham. Heineken (*Dictionnaire des Artistes*, tome II, p. 344) dit à l'article BEHAM : « Les auteurs étrangers ont terriblement défiguré le nom de Beham. L'abbé de Marolles, en expliquant son chiffre, le nomme avec raison Sebalde Beham, néanmoins il lui donne dans la suite les noms de Sebald Been, Hisbens, Hispean, Hisbins, Hans Ben, Hispanien Peham, Hans Sebalde de Bohême, etc. »

327. Primatice avait les titres d'abbé de Saint-Martin de Troyes, conseiller et aumosnier ordinaire du Roy, surintendant des Bâtiments et édifices de Sa Majesté.

328. Niccolò dell' Abbate.

329. Filippo Angeli, dit Philippe Napolitain, peintre médiocre dont on rencontre assez fréquemment des dessins.

330. Alessandro ou Cristofano Allori, dit le Bronzino.

331. Girolamo Muziani, da Brescia.

332. Ottaviano, Federigo et Taddeo Zuccaro.

333. Giorgione Barbarelli, da Castel-Franco.

334. Tiberio Tinelli.

335. Pietro Malombra.

336. Francesco Vanni.

337. Ottavio Leoni, il Padovanino.

338. Paolo Cagliari Veronese.

339. Alessandro Casolani Casolano, peintre de Sienne, né en 1552, mort en 1616.

340. Bartolommeo Schidone.

341. Giorgio Vasari.

342. Domenico Cresti da Passignano, dit il Passignano.

343. L'abbé de Marolles entend-il désigner une seconde fois Giorgione Barbarelli, ou veut-il faire mention de Giovanni Benedetto Castiglione, peintre de Gênes, né en 1616 et mort en 1670 ?

344. Andrea del Sarto.

345. Leonardo da Vinci.

346. Zani dit que l'on connaît de Sinibaldo Scorza une copie à la plume d'une estampe d'Albert Durer tellement trompeuse qu'on pouvait la prendre pour l'épreuve originale.

347. Bernardino Luini.

348. Camillo Procaccini. Si l'on voulait connaître l'origine de l'orthographe adoptée ici par l'abbé de Marolles, on la trouverait dans la table des poésies de Lomazzo où on lit : Camil Porcaccino, da Reggio.

349. Ventura Salimbeni.

350. Antonio Moro, peintre de portraits hollandais, né en 1512, mort en 1588.

351. Sebastien del Piombo.

352. Lucca Ciamberlani, appelé aussi Lucas, d'Urbin.

353. Niccolò Circignani dit il Pomerancio.

354. Andrea Boscoli, peintre et poëte florentin, naquit en 1550 et mourut en 1606.

355. Lucas de Leyde.

356. Hans Bresang, graveur sur bois, que citent Papillon, Gori, Heineken, Brulliot et autres; mais comme les estampes qui lui sont attribuées appartiennent à Hans Baldung

Grün, il est à supposer qu'il y a une erreur d'orthographe dans le nom et qu'il n'existe pas en réalité de graveur du nom de Bresang.

357. Tobie Stimmer.

358. Hans Burgkmair.

359. Lucas Cassel, graveur sur bois cité par Papillon, *Traité de la gravure en bois*, t. I, p. 135.

360. Hans Sebald Beham.

361. Le catalogue de l'abbé de Marolles, de 1672, p. 43, parle d'un Lucas Kriegel.

362. Martin Schongauer.

363. Andrea Mantegna.

364. Adamo Scultori.

365. Martin Sebon de Colmar. (*Catalogue* de 1672.)

366. Israel van Mecken.

367. Baptiste Bambin. (*Catalogue* de 1672.)

368. Martin Zinck, dessinateur allemand, mort en 1586.

369. Mathieu Grunewald.

370. Hans Sebald Beham.

371. Antoine de Worms, peintre allemand qui travaillait en 1530.

372. Urse Graf.

373. Thomas Cockson.

374. Il y eut en Hollande, au xviie siècle, toute une famille d'artistes du nom de Gerber.

375. Adam Gamperlin. (*Catalogue* de 1672.)

376. Cesare Reverdino.

377. Jean Kellertaler, graveur au burin qui travaillait à Dresde au milieu du xvie siècle.

378. Christian Egenolff, graveur sur bois de Francfort.

379. Antoine Crac, Allemand. (*Catalogue* de 1672.)

380. Bartholomæus Pinckius. (*Catalogue* de 1672.)

381. Andreæ Vesalii Bruxellensis scholæ medicorum Patauinæ professoris, suorum de Humani Corporis fabrica librorum epitome. *Bâle*, 1542, in-fol.

382. Alleaume, professeur ès mathématiques, figure dans la liste des artistes auxquels Henri IV destine ses lettres patentes de 1608.

383. Antoine Ferrier, orlogeur et aussi ouvrier ésdits instruments de mathématiques, figure dans la même liste.

384. Le Brevet qui accorde à Claude Bidault un logement au Louvre est du 29 mars 1628; il a été publié dans les *Archives de l'Art français*, t. I, p. 206.

385. Thomas Merlin, orfévre, prend possession du logement qu'occupait Jacques Sarrazin au Louvre, le 20 décembre 1660. (*Archives de l'Art français*, t. I, p. 215.)

386. André-Charles Boulle.

387. Jean Bernier, dans son *Histoire de Blois*, s'exprime ainsi à propos de Jean Macé : « Et quoique les ouvrages de marqueterie ne se fassent qu'avec du bois, comme il faut néanmoins avoir une connaissance de la peinture pour y réussir, que les ouvriers de marqueterie appellent leurs ouvrages de la peinture en bois, et qu'ils se qualifient peintres et sculpteurs en mosaïque pour se distinguer des ébénistes, c'est pour ces raisons que je remarque ici que Jean Macé, qui a fait des ouvrages des plus achevés de marqueterie, étoit natif de Blois. »

388. André-Charles Boulle devient, le 29 octobre 1679, titulaire de l'appartement qu'occupait au Louvre le nommé Petit, fourbisseur. (*Archives de l'Art français*, tome I, p. 224.)

389. Jean Petit, fourbisseur, doreur et damasquineur, figure dans la liste des artistes logés aux galeries du Louvre, auxquels Henri IV accorde, en 1608, des lettres patentes.

390. Dupont introduisit en France la fabrication des tapis de Turquie. On connaît de lui un livre fort rare intitulé : *Strematourgie, ou de l'Excellence de la manufacture des Tapits dits de Turquie, nouvellement establie en France sous la conduicte de noble homme Pierre du Pont, tapissier ordinaire du Rey ésdits ouvrages. — Mieux faire que bien dire. — A Paris, en la Gallerie du Louvre, en la maison de l'Autheur*, 1632. In-4°.

391. Nicolas de la Fage, *peintre du Roi à l'aiguille*, a gravé

quelques estampes que décrit Robert Dumesnil, tome III, p. 91 et suiv.

392. L'Herminot, brodeur, mort au mois de février 1694, occupait au Louvre un logement que le roi accorda à Étienne Baudet, graveur.

393. Vigarani, gentilhomme modénais, habile pour les forces mouvantes, les décorations de théâtre et la conduite des grands spectacles, remplace Metezeau dans le logement qu'il occupait au mois de janvier 1693.

394. « Robert Picou, de Tours, neveu de la femme de Bunel, nous a laissé de luy-mesme quelques pièces en eau-forte. » (Marolles, *Cat.* de 1666, p. 74.) Robert Dumesnil, t. VI, p. 154, et t. XI, p. 288, a décrit les estampes de cet artiste.

395. Borzoni.

396. Henri de Gissey.

397. Pierre Desmartins, peintre, figure dans la liste des artistes logés aux galeries du Louvre, auxquels Henri IV accorde, en 1608, des lettres patentes.

398. Guillaume Dupré, sculpteur et contrôleur général des poinçons des monnoies de France.

399. Michel Lasne, de Caen.

400. Jean Séjourné est qualifié de sculpteur et de fontenier dans les lettres patentes accordées en 1608 par Henri IV aux artistes logés dans les galeries du Louvre.

401. Pierre de Sève naquit en 1623 et mourut en 1695, trois ans avant son frère Gilbert, qui était né en 1615.

402. René-Antoine Houasse, né à Paris, mourut le 27 mai 1710, à l'âge de 65 ans. Il avait été reçu académicien le 15 avril 1673.

403. Baudouin Yvart, peintre du Corps de la maîtrise, mourut à l'âge de 80 ans, le 12 décembre 1690. Il était né à Boulogne-sur-Mer et fut académicien.

404. Jean-Baptiste Tuby, le Romain, sculpteur, naquit à

Rome. Il fut reçu académicien le 7 août 1663 et mourut le 9 août 1700, âgé de 70 ans.

405. Antoine Coysevox, né à Lyon, mort le 10 octobre 1720, à l'âge de 80 ans.

406. Philippe Caffieri.

407. Jacques Prou fut le menuisier employé au château de Vaux. Consultez le travail de M. Eug. Grésy publié dans les *Archives de l'Art français*, t. VI, p. 17.

408. Jacques Bellange?

409. Jacques Francquart naquit en 1590. Il travaillait en 1623.

410. Ne serait-ce pas Jérôme Bachot dont il est déjà question plus haut (page 63), et Bachot ne serait-il pas transformé en Bachet uniquement par un besoin de la rime?

411. Jean Toutin publia à Châteaudun plusieurs Cahiers d'orfévrerie; l'un d'eux porte la date de 1619.

FIN,

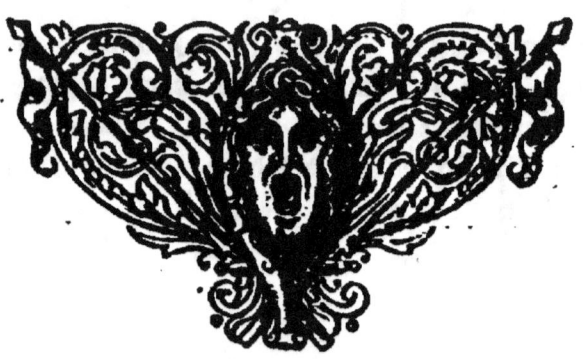

TABLE

DES NOMS CITÉS DANS CE LIVRE[1].

[1]. Les noms imprimés en italique sont ceux dont nous n'a-
vons pu désigner la véritable orthographe.

TABLE DES MATIÈRES

FIN

Paris. — Imp. Gauthier-Villars, quai des Grands-Augustins, 55.
(Ancienne maison Bonaventure.)

PAUL DAFFIS, LIBRAIRE-ÉDITEUR

Rue des Beaux-Arts, 9, à Paris

BIBLIOTHÈQUE ELZEVIRIENNE

Continuée sous la direction de M. P. JANNET.

VOLUMES EN VENTE

IN-16, PAPIER VERGÉ, RELIURE EN PERCALINE.

L'Internelle consolation, première version françoise de l'*Imitation de Jésus-Christ*. Nouvelle édition, publiée par MM. L. Moland et Ch. d'Héricault. 1 vol.   5 fr.

Réflexions, Sentences et Maximes morales de La Rochefoucauld. Nouvelle édition, par G. Duplessis. Préface par Sainte-Beuve. 1 vol.   5 fr

Gérard de Rossillon, poème provençal, publié d'après le manuscrit unique, par M. Francisque Michel. 1 vol. 5 fr.

Le Dolopathos, recueil de contes en vers du XIIe siècle, par Hebers, publiés d'après les manucrits par MM. Ch Brunet et A. de Montaiglon. 1 vol.   5 fr.

Floire et Blanceflor, poèmes du XIIIe siècle, avec une Introduction, des Notes et un Glossaire, par M. Edélestand du Méril. 1 vol.   5 fr.

Recueil de Poésies françoises des XVe et XVIe siècles, morales, facétieuses, historiques, revues sur les anciennes éditions et annotées par M. A. de Montaiglon. Tome I-IX. Chaque volume.   5 fr.

Chansons de Jehannot de Lescurel. 1 vol.   2 fr.

Œuvres de G. Coquillart Nouvelle édition, revue et annotée par M. Ch. d'Héricault. 2 vol.   10 fr.

Œuvres complètes de Pierre Gringore, revues et annotées par Ch. d'Héricault et A de Montaigion. T. I.   5 fr.

Œuvres de Roger de Collerye. Nouvelle édition, avec une préface et des notes par M. Ch. d'Héricault. 1 vol.   5 fr.

Œuvres complètes de Ronsard, avec les variantes et des notes par M. Prosper Blanchemain. 8 vol. Chaque vol.   5 fr.

Les Tragiques, de Théodore Agrippa d'Aubigné. Édition annotée par M. Ludovic Lalanne. 1 vol.   5 fr.

Le Plaisir des champs, poème en quatre livres, par Claude Gauchet, revu et annoté par M. Prosper Blanchemain. 1 vol.   5 fr.

Œuvres complètes de Remy Belleau, avec notice et portraits, publiées d'après les éditions originales, par A. Gouverneur. 3 vol.   15 fr.

Le Panthéon et Temple des Oracles, par Fr. d'Hervé. 1 volume.   5 fr.

Œuvres complètes de Racan, revues et annotées par M. Tenant de Latour. 2 vol.   10 fr.

Œuvres complètes de Théophile, revues, annotées, et précédées d'une Notice biographique par M. Alleaume. 2 vol. 10 fr.

Œuvres complètes de Saint-Amand. Nouvelle édition, revue et annotée par Ch. L. Livet. 2 vol.   10 fr.

Œuvres choisies de Senecé. Nouvelle édition, publiée par MM. Emile Chasles et P. A. Cap. 1 vol.   5 fr.

Œuvres posthumes de Senecé, publiées par MM. Emile Chasles et P. A. Cap. 1 vol.   5 fr.

Œuvres de Chapelle et de Bachaumont, publiées par M. Tenant de Latour. 1 vol.   4 fr.

Chansons de Gaultier Garguille, revues et annotées par M. Ed. Fournier. 1 vol.   5 fr.

Ancien Théâtre françois, ou Collection des ouvrages dramatiques les plus remarquables depuis les Mystères jusqu'à Corneille, publiés avec des notices et éclaircissements. 10 vol.   50 fr.

Histoire de la vie et des ouvrages de Corneille, par M. J. Taschereau. 1 vol.   5 fr.

Œuvres complètes de Pierre Corneille, revues et annotées par M. J. Taschereau. Tomes I. et II. Chaque volume   5 fr.

Mélusine, par Jehan d'Arras. Nouvelle édition, publiée par M. Ch. Brunet. 1 vol.   5 fr.

Le Roman de Jehan de Paris, Nouvelle édition, revue et annotée par M. Émile Mabille. 1 vol.   3 fr.

Le Roman comique, par Scarron, revu et annoté par M. Victor Fournel. 2 vol.   10 fr.

Histoire amoureuse des Gaules, par Bussy-Rabutin, revue et annotée par M. Paul Boiteau ; suivie des Romans historico-satiriques du XVIIe siècle, recueillis et annotés par M. C. L. Livet. Tomes I-III.   15 fr.

Six mois de la vie d'un jeune homme (1797), par Viollet-le-Duc. 1 vol.   4 fr.

Les Aventures de don Juan de Vargas, racontées par lui-même, traduites de l'espagnol par Charles Navarin. 1 vol. 3 fr.

Nouvelles françoises en prose du XIIIe siècle, avec notices et notes par MM. Moland et Ch. d'Héricault, 1 vol.   5 fr.

Nouvelles françoises en prose du XIVe siècle, par les mêmes. 1 vol.   5 fr.

Les Cent Nouvelles nouvelles publiées d'après le seul manuscrit connu, avec une introduction et des notes. 2 vol. 10 fr.

Le grand Parangon des Nouvelles nouvelles, par Nicolas de Troyes, publié d'après le manuscrit original, par Emile Mabille. 1 vol. 5 fr.

Le Violier des Histoires romaines, ancienne traduction françoise des *Gesta Romanorum*, revue et annotée par M. G. Brunet, 1 vol. 5 fr.

Les Facétieuses Nuits de Straparole, traduites par Jean Louveau et Pierre de Larivey. 2 vol. 10 fr.

Hitopadésa, ou l'Instruction utile, recueil d'Apologues et de Contes, traduits du sanscrit par M. Ed. Lancereau 1 volume. 5 fr.

Morlini Novellæ, Fabulæ et Comœdia. 1 vol. 5 fr.

Les Quinze Joyes de mariage. 2e édition. 1 vol. 3 fr.

Les Évangiles des Quenouilles. 1 vol. 3 fr.

Œuvres complètes de Rabelais, seule édition conforme aux derniers textes revus par l'auteur, avec les variantes des anciennes éditions, des notes et un glossaire. Tome I. 5 fr

La nouvelle Fabrique des excellents traits de vérité, par Philippe d'Alcrippe, sieur de Neri en Verbos. 1 vol. 4 fr.

Œuvres complètes de Tabarin, publiées par M. G. Aventin. 2 vol. 10 fr.

Les Caquets de l'Accouchée. Nouvelle édition, revue sur les pièces originales et annotée par M. Edouard Fournier, avec une Introduction par M. Le Roux de Lincy. 1 vol. 5 fr.

Le Dictionnaire des Précieuses, par le sieur de Somaize. Nouvelle édition, augmentée de divers opuscules relatifs aux Précieuses, et d'une clef historique et anecdotique, par M. C. L. Livet 2 vol. 10 fr.

Œuvres de Bonaventure des Périers, revues et annotées par M. Louis Lacour. 2 vol. 10 fr.

Relations des trois ambassades du comte de Carlisle, de la part de Charles II, en Russie, en Suède et en Danemark. Nouvelle édition, avec préface, notes et glossaire par le prince Augustin Galitzin. 1 vol.　　　　　5 fr.

Histoire du Pérou, par le P. Anello Oliva, traduite de l'espagnol sur le manuscrit inédit, par M. H. Ternaux-Compans. 1 vol.　　　　　3 fr.

Les Aventures du baron de Fœneste, par d'Aubigné. Édition revue et annotée par M. Prosper Mérimée, de l'Académie française. 1 vol.　　　　　5 fr.

Chronique de Charles VII, par Jean Chartier, publiée par M. Vallet de Viriville. 3 vol.　　　　　15 fr.

Mémoires de la reine Marguerite, suivis des Anecdotes tirées de la bouche de M. du Vair. Notes par M. Ludovic Lalanne. 1 vol.　　　　　5 fr.

Mémoires de Henri de Campion, annotés par M. C. Moreau. 1 vol.　　　　　5 fr.

Les Courriers de la Fronde, en vers burlesques, par Saint-Julien, annotés par M. C. Moreau. 2 vol.　　10 fr.

Mémoires du Comte de Tavannes, suivis de l'Histoire de la guerre de Guienne, par Balthazar. Notes par M. C. Moreau. 1 vol.　　　　　5 fr.

Mémoires de la marquise de Courcelles, publiés, avec une notice et des notes, par M. P. Pougin. 1 vol.　　　5 fr.

Mémoires de madame de La Guette Nouvelle édition, revue et annotée par M. C. Moreau. 1 vol.　　　　　5 fr.

Mémoires et Journal du marquis d'Argenson, ministre des affaires étrangères sous Louis XV, annotés par M. le marquis d'Argenson. 5 vol. Chaque vol.　　　　5 fr.

Œuvres complètes de la Fontaine, revues et annotées par M. Marty-Laveaux. Tomes II-IV. Chaque volume. 5 fr.

Variétés historiques et littéraires, recueil de pièces volantes,

rares et curieuses, en prose et en vers, revues et annotées par
M. Édouard Fournier, 10 vol. Chaque vol.   5 fr.

Œuvres complètes de Branthôme, avec une introduction par
M. Mérimée, et des notes par M. Louis Lacour. Tomes
I-III.   15 fr.

Catalogue raisonné de la Bibliothèque elzevirienne, 1853–
1865. 1 vol.   2 fr.

Ce catalogue est donné gratuitement à toute personne qui achète
quatre volumes au moins à la fois.

*Il a été tiré de chaque volume des exemplaires en papier fort,
qui se vendent le double du prix des exemplaires ordinaires.*

VOLUMES ÉPUISÉS

DONT IL NE RESTE PLUS QUE DES EXEMPLAIRES
SUR PAPIER FORT.

Les Caractères de Théophraste, traduits du grec, avec les
Caractères et les Mœurs de ce temps, par La Bruyère.
Nouvelle édition par M. A. Destailleur. 2 vol.   20 fr.

Œuvres de François Villon, publiées par P. L. Jacob, biblio-
phile. 1 vol.   10 fr.

Œuvres complètes de Mathurin Regnier, précédées d'une histoire de la satire en France par M. Viollet-le-Duc. 1 volume.   10 fr.

Le Livre du Chevalier de La Tour-Landry pour l'enseigne-
ment de ses filles, publié par M. A. de Montaiglon. 1 volume.   10 fr.

Extrait abrégé des vieux Mémoriaux de l'abbaye de Saint-Aubin
des Boys en Bretagne. 1 vol.   5 fr.

VOLUMES ENTIÈREMENT ÉPUISÉS

SUR PAPIER ORDINAIRE ET PAPIER FORT.

Le Livre des Peintres et Graveurs, par Michel de Marolles, publié par M. G. Duplessis. 1 vol.

Le Roman bourgeois, par A. Furetière, publié par Ch. Asselineau et Ed. Fournier. 1 vol.

Histoire notable de la Floride, par le capitaine Laudonnière. 1 vol.

Mémoires pour servir à l'histoire de l'Académie royale de peinture et de sculpture, depuis 1648 jusqu'en 1664, publiés par M. A. de Montaiglon. 2 vol.

——————

AUTRES OUVRAGES

DU FONDS DE PAUL DAFFIS

Les Supercheries littéraires dévoilées, suivies du *Dictionnaire des Anonymes* et de la *Table générale*, formeront 6 volumes gr. in-8, publiés en 12 livraisons.
Il paraît une livraison tous les deux ou trois mois. — 5 livraisons sont en vente.
Prix de la livraison, 10 fr. — Grand papier vergé. 20 fr

La France littéraire, ou Dictionnaire bibliographique des savants, historiens et gens de lettres de la France, ainsi que des littérateurs étrangers qui ont écrit en français, plus particulièrement pendant les xviii⁰ et xix⁰ siècle, par J.-M. QUÉRARD. *Paris.* 1827 — 1839, 10 forts volumes in-8 à deux colonnes.   100 fr.
Il ne reste qu'un petit nombre d'exemplaires.

La Littérature française contemporaine, 1827 — 1849, continuation de la *France littéraire*, par MM. Félix Bourquelot,

Alfred Maury et Charles Louandre. *Paris, 1852 — 1857,*
6 volumes in-8 à 2 colonnes.   100 fr.
Épuisé.

Bibliographie historique et topographique de la France, par
A. Girault de Saint Fargeau. *Paris,* 1843, 1 volume in-8
à 2 colonnes.   6 fr.

Histoire et Chronique du petit Jehan de Saintré et de la jeune
Dame des Belles-Cousines, sans autre nom nommer (par
Antoine de la Sale). *Paris, F. Didot frères,* 1830, gr. in-8
gothique, fleurons et lettres ornées, lavé et encollé, car-
tonné.   20 fr.

Les Contes des fées, en prose et en vers, de Charles Perrault.
Deuxième édition, revue et corrigée sur les éditions originales, et précédée d'une lettre critique par Charles Giraud,
de l'Institut. *Lyon, imprimerie Louis Perrin,* in-8, papier
de Hollande.   15 fr.
Il reste quelques exemplaires sur papier teinté.

EN PRÉPARATION :

Les Conteurs français, revus sur les éditions anciennes et sur
les manucrits, avec Notices, Variante, Notes et Glossaire,
par M. Pierre Jannet. 20 volumes in-8.
Le premier volume est sous presse.

———

On s'occupe activement de terminer les ouvrages de la
Bibliothèque elzevirienne, restés inachevés : *Anciennes
Poésies, Rabelais, La Fontaine, Histoire amoureuse des
Gaules,* etc. Plusieurs volumes sont sous presse.

———

8320 — Impr. Jouaust, rue Saint-Honoré, 338.